코리안리 재보험 송영흡 전무의

보험산업의
숨겨진 비밀

THE SECRET OF INSURANCE WORLD

코리안리 재보험 송영흡 전무의
보험산업의 숨겨진 비밀

초판발행 2024년 11월 25일

지 은 이 송영흡
발 행 인 송영흡
편 집 인 김성민
디 자 인 백미숙

펴 낸 곳 오르가논
이 메 일 adamsmith65@naver.com
등록번호 제25100-2024-075호
신고일자 2024년 10월 11일
ISBN 979-11-989790-0-1

※ 이 책의 무단전재와 무단복제를 금하며, 책 내용의 전부 또는 일부를 이용하려면
　반드시 저자의 동의를 받아야 합니다.

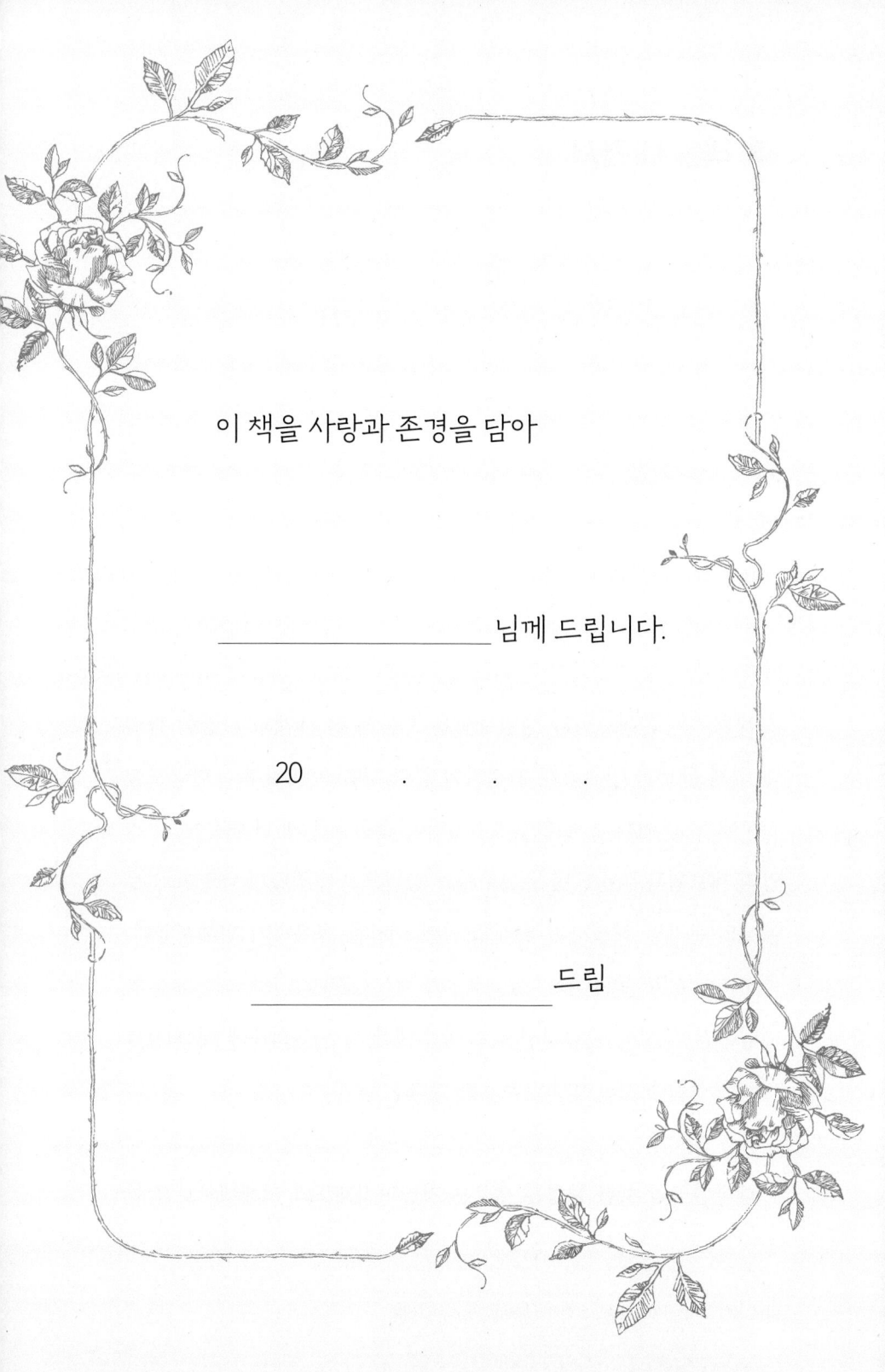

이 책을 사랑과 존경을 담아

_____ 님께 드립니다.

20   .   .   .

_____ 드림

책을 내면서

재보험은 손해보험과 생명보험을 포함해 전 세계의 다양한 산업 및 경제 활동과 밀접하게 연결되어 있다. 2023년 1월부터 한국보험신문에 **「어쩌다 보험인」**이라는 칼럼을 쓰게 된 이유는, 코리안리 재보험사에서 17년간 실무자와 임원으로서 겪었던 다양한 업무에서의 문제를 해결하기 위해 고민한 내용을 공유하기 위해서였다. 특히 **CRO(리스크 관리 책임자)**와 **CFO(재무 관리 책임자)**를 역임하면서, 보험 산업에서 리스크에 대한 개념과 회계에 대한 철학의 중요성을 독자들에게 알리고자 했다.

대한민국의 보험 산업은 새로운 지급여력제도와 회계제도로 전환

되었으며, 이러한 변화 속에서 리스크 관리 업무의 중요성을 다시 한 번 실감하게 되었다. 지난 2년간 칼럼니스트로 활동하며, 주중에는 회사 업무에 집중하고 퇴근 후와 주말에는 자료 조사와 책 읽기에 매진해 왔다. 칼럼을 준비하면서 보험 산업이 경제 전반에 걸쳐 미치는 영향과 중요성을 더 깊이 이해하고자 했다.

그 과정에서, 금융 산업과 경제 상황을 이해하기 위한 경제이론은 물론, 18세기 경제학의 발원지인 영국을 포함한 유럽에서 발생한 다양한 역사적 사건들과 그 배경을 이해하는 것이 매우 중요하다는 것을 깨닫게 되었다. 뿐만 아니라 유럽에서의 르네상스를 가능케 한 그리스와 로마의 역사와 철학을 이해하는 것도 매우 중요하다는 것을 알게 되었다.

우리 사회는 젊은 세대가 미래에 대한 희망을 잃고, 결혼, 출산, 육아, 교육과 관련된 다양한 문제로 어려움을 겪고 있어, 미래에 대한 희망을 되살리기 위한 **「희망 만들기 프로젝트」**가 절실히 필요하다. 보험 산업의 역사에서 사회적 필요가 발생하면 특유의 창의성을 발휘해 그 필요한 부분을 공급해 왔듯이, 다양한 사회적 문제의 어려움 또한 보험 산업이 해결할 수 있는 마중물 역할을 할 수 있기를 기대해 본다. 보험 산업의 존재 목적이 위험에 빠진 사회의 회복 탄력성을 도와 사회 전반의 기능 회복에 기여하는 것이라고 믿기 때문이다.

이를 위해서는 빠르게 확산되고 있는 ESG(환경, 사회, 지배구조) 이슈를 단지 기후환경 문제에 그치지 않고, 사회적 환경의 문제를 개선하는 방향으로 유도해 지속 가능한 국가 발전을 목표로 삼아야 한다. 침몰하는 배 위에서는 바닷물의 오염을 걱정할 여유가 없기 때문이다.

환경 분야에서는 기후 위기 대응에 적극 동참함은 물론 결혼, 출산, 고용과 같은 사회적 문제뿐만 아니라, 도움이 필요한 국가들의 경제적·사회적 문제 해결에도 관심을 가지고, 문제 해결을 위해 기업은 물론 학계와 정부 간의 공동 협력이 필요하다.

복잡하고 다양한 사회·경제적 문제의 해결은 단지 정치권이나 NGO의 영역이 아니라, 11만 명에 이르는 우리 보험인들의 노력으로 해결할 수 있다는 자부심과 긍지를 가지고, 창의적인 방법으로 다양한 솔루션을 제공할 수 있기를 기대해 본다.

목차

Part1
고전과의 만남

- 013 • 01. 야후와 후이넘
- 018 • 02. 알함브라 궁전 그리고 아사비야와 레콩키스타
- 023 • 03. 로마인의 개와 현대인의 개
- 028 • 04. 마사게타이족 장로의 살신성인
- 033 • 05. 인공지능이 가져다 줄 새로운 르네상스 시대
- 038 • 06. 소크라테스의 제자 크세노폰의 경제전문가 개념
- 043 • 07. 아리스토텔레스가 제시하는 지속가능한 국가의 모습
- 048 • 08. 소확행이 아닌 진실로 행복한 삶을 살아야 한다
- 053 • 09. 부자나라의 부자국민이 되는 방법
- 058 • 10. 욕심과 타락을 방지하는 보이지 않는 손 "도덕감정"
- 063 • 11. 야만적인 전쟁을 멈추게 한 아담스미스의 국부론

Part2
경제이야기

- 071 · 01. 오케스트라와 경영의 유사점
- 076 · 02. 대출의 목적과 그 위험성에 대하여
- 081 · 03. 우리나라 경제발전의 숨겨진 비밀 자유무역주의
- 087 · 04. 우리에게 똑똑한 정부가 절실히 필요한 이유
- 092 · 05. 국가의 의무는 국민들을 행복한 부자로 만드는 것이다
- 097 · 06. K-금융의 콘텐츠가 될 국민자본(저축과 보험)
- 102 · 07. 국가를 발전시키는 자본의 역할과 중립금리에 대하여
- 106 · 08. 기준금리 인상이 우리사회에 미치는 영향
- 110 · 09. 싱가포르의 공공주택 정책과 성공적인 가계대출 관리
- 115 · 10. 대한민국호의 감항능력을 점검하여야 한다
- 119 · 11. ESG경영과 기업의 사회적책임
- 124 · 12. 청년들을 암호화폐의 투기유혹에서 보호하여야 한다
- 129 · 13. 창의력은 국가를 지속적으로 발전시키는 원동력이다
- 134 · 14. 건설사업관리 역량의 중요성
- 141 · 15. 인프라건설의 재원부족을 국민자본으로 해결하는 방법

Part3
보험이야기

- 149 · 01. 리스크와 보험상품 이야기
- 155 · 02. 보험산업의 가치
- 161 · 03. 재보험 비즈니스에 대한 오해
- 165 · 04. 세월호 사고와 재보험이야기
- 170 · 05. 영국의 보험시장 로이즈마켓
- 174 · 06. 보험회사의 채권투자 안전성, 수익성, 유동성
- 178 · 07. 보험회사의 유동성리스크 관리의 중요성
- 183 · 08. 창의적인 상품개발은 보험산업의 미래를 바꿀수 있다
- 188 · 09. 보험산업은 재난과 더불어 성장한다
- 193 · 10. 보험산업은 건설산업의 위기를 타산지석으로 삼아야 한다
- 198 · 11. 신회계제도의 올바른 정착을 위하여
- 203 · 12. IFRS17도입으로 인한 분식회계의 유혹을 극복해야 한다
- 208 · 13. 의료산업을 먹여 살리고 있는 실손보험의 불편한 진실
- 213 · 14. 보험산업의 감독회계와 재무회계는 구분되어하여야 한다
- 218 · 15. 지급여력제도의 궁극적인 목적은 보험계약자 보호이다
- 222 · 16. Pet보험이 잘 정착되려면 도덕성이 먼저 회복되어야 한다
- 227 · 17. 손해사정 업무가 고사직전의 위기에 있다
- 232 · 18. 보험회사 자산운용 철학은 미래지향적 이어야 한다
- 237 · 19. 배터리폭발로 인한 전기자동차산업의 어려움과 보험의 역할
- 242 · 20. 광화문 지역은 보험산업의 메카이다

Part1

고전과의 만남

01
야후와 후이넘
(Yahoo)   (Houyhnhnms)

지난 7월1일 시청역 인근에서 발생한 '차량 돌진' 사고로 인해 9명이 사망하고 7명이 다치는 대참사가 발생하였다. 고속으로 역주행을 하던 차량이 인도를 덮쳐 사람들을 들이받은 뒤 멈추기까지 걸린 시간은 약 1분에 불과하였다. 가장 편리한 문명의 이기인 자동차가, 순식간에 무시무시한 흉기로 변하는 상황이 되고 말았다.

자동차는 집과 함께 우리 삶에서 매우 중요한 부분을 차지한다. 이동 수단으로서 편리성과 효율성을 제공할 뿐만 아니라, 자동차를 구매하면서 성취감과 즐거움을 느낄 수 있기 때문이다. 갖고 싶었던 자동차를 구입하는 것 자체가 큰 성취감을 줄 뿐만 아니라, 아끼는 자동차를 직접 운전하면서 일상의 스트레스가 해소되고 즐거움을 얻을 수 있기 때문이다.

20세기초 자동차가 발명되어 대중화가 되기 전까지는, 말이 수천년 동안 인간의 이동을 책임지는 중요한 역할을 담당하였다.

말은 고대부터 인간의 삶에 중요한 요소인 수렵, 농업, 전쟁 등 다양한 활동에 사용되었는데, 기원전 4000년경에는 말을 이용한 마차가 등장하여 장거리 운송과 무역이 가능하게 되었다.

중세 시대에는 말이 군사력과 사회적 지위의 상징으로서 기사들은 말을 타고 전투에 참여하였고, 귀족들은 화려한 마차를 소유하였다. 따라서, 다양한 종류의 말 사육과 관리 기술이 발전하였다.

말은 주인을 위해 충성하는 부드러운 성품을 가진 동시에, 달리는 속도와 체력에 있어서도 다른 동물들을 뛰어넘는 월등함을 지니고 있었다. 따라서, 말을 다루는 기술이야 말로 가장 훌륭한 전사로 인정받고 부러움의 대상이 되는 것이었다. 고대 로마에서 전차를 몰고 경기장을 도는 레이싱 경기는 오늘날의 자동차 레이싱 경주인 F1(Formula1)의 모습과 크게 다르지 않다.

18세기 영국의 작가 조나단 스위프트의 걸리버 여행기는, 주인공인 걸리버 선장이 소인국, 대인국을 거치면서 너무 작아서 초라했던 모습과 너무 커서 거인이 된 경험을 하다가 나중에는 말이 다스리는 나라인 후이넘(Houyhnhnm)의 나라에 가게 된다.

걸리버는 말의 외모를 가진 동물(후이넘, Houyhnhnm)이 사람의 외모를 가진 짐승(야후, Yahoo)을 노예로 다스리는 모습을 보면서 큰 충격을 받는다.

야후들은 인간과 비슷한 외모를 가지고 있지만, 털이 많고 악취가 난다. 그들의 얼굴은 험악하고, 눈은 사나우며 흉측한 이빨을 가지고 있다.

야후들은 이기적이고 탐욕스러우며, 폭력적이고 잔혹하다. 그들은 자신들의 이익을 위해 타인을 속이고, 착취하며 끊임없이 다툰다. 따라서 야후의 세계는 항상 시끄럽고 요란하다.

반면, 후이넘은 체력이 좋아서 병에 잘 걸리지 않으며, 다치더라도 금방 회복한다. 주로 이성을 개발하는 철학과 공동체 유지를 위한 윤리교육이 강조되며, 공공성 있는 재산은 대부분 공동으로 소유하고 있어서 빈부의 격차가 크지 않으므로 다툼이 없는 평화로운 사회가 유지되고 있다.

따라서, 개인의 욕심을 채우기 위해 다툴 필요가 없고 전쟁을 벌이는 일도 없다.

후이넘들은 타인을 존중하고, 약자를 보호하는 배려심과 도덕심이야 말로 사회가 지속적으로 유지되고 발전하는 기본적인 원리임을 잘 이해하고 실천하고 있다.

조나단 스위프트는 걸리버 여행기를 통해서, 인간에게는 야후의 모습과 후이넘의 모습이 공존하고 있으며, 18세기 당시 영국사람들이 돈을 벌기 위해 취한 식민지 개척과 노예무역과 같은 모습이 후이넘 보다는 야후의 모습을 더 닮아가는 것에 대한 경종을 울리고자 하였다.

전세계 도처에서 비이성적이고 비 인륜적인 전쟁과 범죄가 점점 더 증가하고 있으며, 최근에는 트럼프 대통령에 대한 총기 테러도 발생하였다.

우리나라도 흉기를 사용하여 제3자에게 피해를 주는 범죄가 증가하고 있어서 사회적 불안감이 고조되고 있다. 흉기범죄가 증가하는 이유로는 정서불안과 같은 심리적 요소뿐만 아니라 흉기에 대한 용이한 접근성 그리고 약물중독도 원인이 된다.

그러나, 무엇보다 중요한 것은 개인적인 이기심이 조장되고 공동체의 가치를 외면하는 공동체 의식과 윤리교육의 부재가 보다 더 근본적인 원인일 것이다.

지금 우리나라의 교육은 후이넘 사회를 만드는 교육이 아니라 야후사회를 지향하는 교육으로 변질되고 있어서, 우리나라의 미래는 온통 야후만 넘치는 불안정하고 위험한 세상이 될 수도 있다.

이번 "시청사고"로 인해 안전시설 설치와 차량 브레이크에 카메라를 설치하는 것이 검토되고 있으나, 공동체를 위한 윤리와 도덕을 가르치고 회복하는 것이 더 급하고 중요해 보인다.

02

알함브라 궁전 그리고
아사비야와 레콩키스타
(Asabiyyah)　　　(Reconquista)

　요즘 대한민국은 여행이 대세라서, 다양한 여행 프로그램이 넘쳐 남은 물론 유명한 여행 유튜버의 인기는 웬만한 연예인을 능가할 정도이다. 이번 추석연휴기간(9월13~18일)중 120만명이 넘는 인파가 해외여행을 다녀올 것으로 추정되어, 인천공항의 일평균 여객은 개항 이래 처음으로 20만명을 초과할 것이라고 한다.

　여행을 통해 일상에서 벗어나 다양한 문화를 경험하면서 얻게 되는 만족감으로 인해서, 여행을 마치고 나서도 또다시 새로운 여행계획을 세우게 된다. 역사와 문화가 다른 나라를 여행하면서 맛보는 이

국적인 정서를 통해 여행의 만족감은 더욱 커진다.

스페인이 많은 유럽국가 중 훌륭한 여행지로 손꼽히는 이유는, 스페인의 여러 도시들이 다양한 역사적 배경과 문화를 가지고 있어서 매우 다채로운 경험을 할 수 있기 때문이다. 특히 스페인 남부의 그라나다 지역은 이슬람 문화와 기독교 문화가 섞여 있어서 다른 도시보다 더 이국적이다.

스페인과 포르투갈이 위치한 이베리아 반도는, 8세기부터 15세말까지 약 800년 동안 무어인(Moors)이라고 불리는 북아프리카에서 이주한 이슬람 교도들에 의해 지배되었다.

무어인들은 스페인과 포르투갈에 이슬람 문화를 퍼뜨렸으며, 그 중 이슬람의 마지막 왕국인 나스르 왕조에 의해 그라나다에 만들어진 궁전이 알함브라 궁전이다. 이 궁전은 중세 이슬람의 건축과 예술이 정점에 달했을 때의 모습을 보여주며, 정교한 모자이크, 대칭적이고 아름다운 정원, 세밀한 세공 장식 등이 어우러져 궁전 전체가 하나의 예술 작품으로 평가받고 있다.

그러나 화려한 이슬람 문명을 자랑하던 그라나다는 이 지역을 회복하기 위해 기독교 왕국들이 주도한 레콩키스타(Reconquista, 再征服) 즉 그라나다 수복운동으로 인하여 다시 기독교 문명의 지배로 돌아오게 되었고, 레콩키스타를 통해 이룩한 이베리아 반도의 단결력과 열정은 포르투갈과 스페인이 대서양으로 진출하는 원동력이 되었다.

코리안리 재보험 송영흡 전무의 **보험산업의 숨겨진 비밀**

알함브라 궁전은 "역사서설(Muqaddimah, 무까띠마)"의 저자로 잘 알려진 이븐할둔(Ibn Khaldun, 1332-1406)으로 인해서 더 유명하다.

영국의 역사학자 아놀드 토인비(Arnold J. Toynbee)가 "모든 시대와 장소에서 가장 위대한 역사가"라고 칭송한 이븐할둔은, 북아프리카의 튀니지에서 태어나, 그라나다, 알제리, 그리고 이집트에 이르기까지 북아프리카의 다양한 무슬림 국가에서 관직을 거쳤다.

그는 여러나라에서의 경험을 바탕으로, 모든 국가는 흥망성쇠(興亡盛衰)의 과정을 필연적으로 거칠 수 밖에 없다는 "역사의 순환론"을 주장하였으며, 알함브라 궁전의 화려함을 통하여 그라나다 왕국의 힘과 부를 설명하였다.

이븐 할둔이 국가의 흥망성쇠의 원리를 설명하는 또다른 중요한 개념은 "아사비야(Asabiyyah)"이다.

"아사비야"는 "집단적 결속력 또는 공동체 정신"을 의미하는 아랍어로서, 이는 사회나 왕조의 발전과 몰락과 관계된 핵심 요소이다. 그는 결속력이 강한집단(특히 유목민사회)이 결속력이 낮은집단(농경문화)을 지배하는 특징을 가지고 있다고 설명한다. 아사비야 즉 결속력이 강한 민족이 결속력이 약한 민족을 지배한다는 것이다.

그럼에도 불구하고, 건국초기에는 훌륭한 지도자를 중심으로 강한 아사비야 덕분에 성장을 이루지만, 시간이 지나면서 풍요와 사치로 인하여 초기의 아사비야는 점점 약해지게 되고, 느슨한 아사비야로 결속력이 없는 왕조는 상호 반목과 알력 그리고 무능함을 반복하여 쇠퇴하다가 결국 외부세력에 의해 저절로 무너진다고 설명하였다.

그러나, 그가 자랑하던 강한 아사비야의 그라나다 왕국도 기독교 왕국의 레콩키스타에 의하여 멸명케 되는 운명이 되었다.

이븐할둔이 강조하고 있는 "아사비야"는 중세 이슬람 왕국 뿐만 아니라, 오늘날의 국가와 기업경영에도 동일하게 적용되는 것 같다. 여러가지 이유로 경영에 어려움을 겪고 있는 보험회사들은 자본부족 이나 영업이익 감소와 같이 경영으로 인해 어려움을 겪는 경우가 대부분 이다. 그러나, 노사간의 갈등 혹은 복수노조로 인한 노노간의 갈등과 같이 내부적 갈등으로 인해 어려움을 겪고 있는 회사들도 있다.

회사를 어렵게 만든 원인이 무엇이건, 회사를 결속시키고 노사간의 시너지를 낼수 있는 "아사비야"를 갖추고 회사의 부흥을 회복시키고자 하는 "레콩키스타" 야말로 회사가 어려움을 극복할 수 있는 가장 중요한 원동력이 될 것이다.

03
로마인의 개와 현대인의 개

통계에 의하면, 서울시에 살고 있는 반려견 숫자는 61만마리로서, 서울에서 가장 인구가 많은 송파구민의 수와 맞먹는 수치이다. 견종은 말티즈, 푸들, 포메라니안, 시츄 그리고 말티즈와 푸들을 혼합한 말티푸가 전체의 60%로 주류를 이루고 있다.

국민강아지라 불리는 말티즈는 성격이 새침한 편이라, 낯선 사람에게는 경계심을 보이는데 반해 가족들에게는 애교를 부리는 매력이 있다.

푸들은 털이 곱슬이라 털빠짐이 적어서 실내에서 키우기 가장 좋은 견종이다. 지능도 높아서 어려운 훈련도 잘 소화하는 편이다.

포메라니안은 크기가 아주 작은 소형견이다. 털이 겉털과 속털 이중구조로 되어 있어서, 보이는 것에 비해 실제 크기는 훨씬 작고 사자 갈기 같은 모습이 매력이다.

주둥이가 짧고 납작한 코를 가진 시츄는 성격이 매우 좋고 무심한 편이라 도둑이 들어도 짖지 않을 정도로 매우 조용하고 온순하다.

말티푸는 말티즈와 푸들이 교배된 견종으로, 털빠짐이 거의 없는 푸들의 장점과, 말티즈 특유의 뽀송뽀송한 귀여움과 새침한 성격을 가지고 있다.

말티푸와 같은 변종견이 점점 더 증가하는 추세는, 채소에 있어서 먹기 좋은 크기로 개량된 방울토마토나 매운 맛을 제거한 고추와 같이 애완견 또한 인간의 기호에 맞게 종자가 변하고 있음을 알 수 있다.

현대인들 못지 않게 고대 로마인들 또한 개에 대한 사랑과 관심이 매우 높았음을, 1세기경 로마의 군인이자 자연과학자 였던 플리니우스(Plinius)가 저술한 백과사전인 자연사 (Naturalis Historia, 혹은 박물지)를 통해 잘 알 수 있다.

자연사(혹은 박물지)는 식물학, 동물학, 천문학, 지질학, 광물학 등 다양한 분야를 다룬 전체 37권의 백과사전 형태로 파피루스에 기록되었고 필사를 통해 후대에 전해지게 되었다.

자연사에 의하면, 개는 일년에 두번 번식하고 번식가능 연령은 1세이며, 임신기간은 60일, 출생후 시력회복은 약 1~3주이고 새끼수

가 많을수록 시력회복이 지연되며, 가장 총명한 강아지는 마지막에 시력을 얻는 강아지라고 기록되어 있다.

　개의 동물적인 특징과 개가 보여주는 주인에 대한 충성심을 보여주는 다양한 사례 뿐만 아니라 개의 종자를 더 용감하고 강인하게 개량하려는 노력도 알 수 있다.

　개는 자신의 주인을 잘 알고 있으며 자신의 이름과 주인의 목소리를 인식한다. 아무리 먼 곳이라도 가는 길을 기억할 정도로 어떤 동물보다도 더 훌륭한 기억력을 가지고 있다.

주인을 지키기 위해 강도들에 맞서 싸우고, 살인자를 알아보고 짖어서 범죄를 자백케 하거나, 주인을 구하기 위해 화염속에 뛰어들고 주인의 죽음을 슬퍼하고 먹이를 거부하고 죽는 등의 사례를 통해, 개가 주인을 위해 충성하거나 자신을 희생할 줄 아는 동물임을 표현하고 있다.

개는 사냥감의 발자국을 추적하여 매우 은밀하게 주인을 사냥 대상으로 안내할 줄 안다. 사냥감을 다루는 방법 또한 소리를 내어 짖기 보다는 꼬리의 움직임으로 매우 조용하고 비밀스럽게, 주둥이로서 냄새를 맡으며 주인이 경험하고 인식하는 방법으로 사냥감으로 안내한다.

마케도니아의 알렉산더 대왕이 알바니아 왕으로부터 선물받은 개에 대한 일화도 있다. 선물 받은 개의 크기와 위용에 감탄한 알렉산더는 개의 사냥능력을 시험하고자 곰, 멧돼지, 사슴을 사냥감으로 내어 놓았는데, 그 개는 꼼짝하지 않고 누워서 게으름을 부렸다. 화가 난 알렉산더는 그 개를 없애 버렸는데, 이 소식을 들은 알바니아 왕은 깜짝 놀라서 사자나 코끼리를 가지고 시험해야 한다며 또 다른 개를 보내주었다.

사자와의 대결에서 쉽게 사자를 제압하는 장면을 보고 알렉산더는 크게 감탄하였다. 코끼리와 대적시켰더니, 그 개는 털을 뻣뻣하게 세우고 천둥소리를 내며 짖어 대면서 코끼리에게 계속 뛰어올라서 코끼리의 팔다리에 부딪히는 과정을 반복하고, 쉴 새 없이 코끼리를 몰아 부쳐서 결국 코끼리가 넋을 잃고 큰 소리를 내며 넘어지는 장면이 목격되었다. 당시의 개에 대한 연구와 다양한 교배를 통해 충성스러우면서도 매우 용맹한 개를 만들기 위한 노력은 지금의 생명공학과도 비슷해 보인다.

호랑이와 같은 품종을 얻기 위해서, 또 늑대의 특징을 얻기 위한 노력과 나일강 지역의 악어를 제압할 줄 아는 개의 품종 혹은 알바니아 왕과 같이 거대하고 용맹한 품종을 얻기 위해 다양한 실험을 시도하였다.

2000년이란 세월이 흘러서, 현대인들이 원하는 개의 모습도 크게 변하였다. 군견, 경찰견 혹은 장애인 안내견 등 특수 목적을 제외하고는 개가 가진 특유의 사냥능력과 충성심을 요구하지 않는다. 그저 짖지 않고 애교를 부리며 아파트에서 함께 살기에 불편하지 않는 새로운 가족을 원한다.

새로운 가족으로 등장하고 있는 개에 대한 사회적 문제점이 대두되고 있다. 개를 학대하거나 불필요한 상황에서 버리거나 하는 경우가 종종 발생하고 있다.

송파구민에 맞먹는 개를 위한 정책과 보험상품이 발전하려면, 로마인들 못지 않게 개에 대한 애정을 가지고 좀 더 진지한 모습으로 개의 특징을 관찰하고 연구하는 자세가 필요해 보인다.

04
마사게타이족 장로의 살신성인

지난해 10월에 발생한 이스라엘과 팔레스타인간의 분쟁이 제대로 합의점을 찾지 못하고 여전히 표류하고 있다. 분쟁의 근본적 원인은 팔레스타인 지역을 떠나 살던 이스라엘 민족이, 1948년에 다시 돌아와 나라를 세우기 시작하면서 이다. 이스라엘 민족이 자의든 타의든 팔레스타인 지역을 떠났다가 다시 돌아오는 사건은 고대에도 두번이나 있었다.

첫번째는 기원전 15세기에 모세가 장정만 60만명에 해당하는 대규모 이스라엘 민족을 이끌고 이집트를 탈출하여 가나안 땅으로 돌아온 엑소더스 사건이며, 두번째는 그로부터 약 1천년 후인 기원전 6

세기경 페르시아 제국의 고레스 칙령으로 인해 바빌론으로 포로로 잡혀갔던 5만명의 이스라엘 민족이 다시 고향으로 돌아오게 되는 사건이 있었다. 고레스 칙령을 통해 이스라엘 포로를 귀환시킨 성경에서의 고레스왕은 페르시아제국의 키루스2세를 의미한다.

페르시아는 기원전 330년 마케도니아의 알렉산더 대왕으로 인해 멸망하기 전까지 약 200년간 메디아, 리디아, (신)바빌론을 차례로 멸망시키고 중동지역에서 패권을 차지한 제국이었다.

페르시아 제국의 키루스 대왕을 죽게 만든 장본인은 다름아닌 마사게타이족의 전설속의 여전사인 토미리스 여왕이다. 마사게타이족은 유라시아 유목민을 지칭하는 스키타이족의 한 갈래로서, 카스피해로 유입되는 아락세스강 주변에 살고 있었다.

역사의 아버지라고 불리는 아테네의 헤로도토스는 그의 역사서 "히스토리아"에서 페르시아의 키루스왕과 마사게타이의 토미리스 여왕과의 전쟁, 그리고 마사게타이 족의 풍습에 대한 내용을 비교적 상세히 다루고 있다.

마사게타이족은 기원전 7세기부터 기록이 존재하며, 기원전 4세기에 사라지는데, 중앙아시아의 맹주로 불리는 카자흐스탄은 마사게타이 족이 그들의 조상이라고 믿고 있다.

키루스대왕을 죽게한 마사게타이족에게는 독특한 혼인관습과 제사문화가 있었다.

한 남자가 한명의 아내와 결혼하지만, 필요할 경우 아내를 공유하는 관습이 있었다. 남자가 어떤 여자를 원하면 그녀의 수레 앞에 화살통을 걸어두기만 하면 여자는 그 신청을 받아들여야만 한다. 남자가 원하는 상황이 어떤 것인지 구체적으로 설명되고 있지는 않으나, 필요시 아내를 공유하는 관습은 마사게타이 뿐만 아니라 다른 문화에서도 종종 발견되곤 한다.

그러나, 그들의 장례 및 제사문화는 매우 독특한 면이 있다.

남자가 병들지 않고 건강한 상태로 어느 정도 고령의 나이가 되면, 가까운 친척들이 모여서 양이나 염소 같은 가축과 함께 그를 죽여 삶아 먹는 축제행사를 가진다.

그들은 그렇게 죽는 것을 매우 큰 명예로 여겼으며, 반대로 병들어 죽게되어 친척들의 만찬행사에 사용되지 못하고 땅속에 묻어 장사를 지내게 되는 것을 오히려 큰 재앙이나 불명예로 여겼다.

그들의 종교는 태양신이었는데 주로 말을 제물로 바쳤다고 하며, 그 이유는 피조물 가운데 말이 가장 빠른 동물이라서 태양신이 말을 가장 좋아한다고 믿었다.

마사게타이족의 장례문화는 문화인류학적 관점에서의 다양한 해석이 있을수 있으나, 겉으로 보기에는 산사람을 도륙하여 피와 살을 먹고 축제를 벌이는 잔인한 식인종 문화로 보여질 가능성이 높다.

그러나, 스스로 자원하여 친척들을 모아 놓고 가축들과 함께 만찬의 제물인 희생양(sacrifice offering)을 자처하는 것은 가장 거룩한 종교행위로 이해될 수도 있다.

흠없이 건강한 삶을 산 어른이란 기독교의 장로에 해당되는 개념이므로, 먹을것이 부족하여 먹게되는 식인의 개념이 아니라, 흠없는 자가 기꺼이 신에 대한 제물로서의 자격을 갖게되는 영광을 의미한다.

아마도, 스스로가 희생양이 되어 제물을 바치는 이유는, 태양신으로부터 부족과 종족을 지키기 위한 거룩한 신념으로, 가족과 친척의 안위를 위하여 자신을 버리는 살신성인의 정신이었을 것이다. 흠없는 장로가 스스로 제물이 되어서 신의 보호를 기원하였다.

희생양, 즉 제물을 바친다는 것은 신에게 헌신, 감사, 또는 봉헌의 행위로서 가치가 있는 물건을 바치는 종교적 또는 영적 의식이기 때문이다.

가정의 가장, 부족의 장로 혹은 지도자는 항상 가정과 공동체의 안위를 위해서 살신성인할 준비가 되어 있음은 예나 지금이나 마찬가지인 것 같다.

인류의 역사를 보면 국가와 공동체를 위하여, 그리고 가정과 부족을 예상치 못한 어려움으로부터 지키고자 하는 거룩한 살신성인의 다양한 모습을 발견할 수 있다.

영국에서 시작된 생명보험도, 남겨진 가족에 대하여 죽어서도 책임을 다하고자 하는 가장의 사랑과 책임정신으로 시작되었다. 마사게타이 족의 살신성인 문화를 통하여 생명보험의 본질적인 가치가 너무 가볍게 여겨지고 있는 것은 아닌지 다시한번 돌아보아야 할 것 같다.

05

인공지능이 가져다 줄
(Chat-GPT)
새로운 르네상스 시대

지난 2021년 인사동 부근에 인접한 종로 피마골 지역의 재개발 공사를 수행하는 과정에서 조선시대 집터로 추정되는 장소의 항아리에서, 1434(갑인년)년 세종대왕 시절에 제작되었을 것으로 추정되는 금속활자가 출토되었다.

1434년 세종의 명으로 만든 '갑인자'는 1450년 독일의 구텐베르크가 최초로 인쇄한 성경보다 16년 앞서 인쇄된 금속활자 인쇄물이다.

독일의 요하네스 구텐베르크는 1440년경 기계식 활자 인쇄를 개발하여 성경을 대량으로 공급하기 시작하였다. 그 이전에는, 성경은 물론 대부분의 책을 필사본 즉 손으로 직접 써서 사본을 만들 수 밖에 없었고, 따라서 책을 만드는 노력과 비용이 만만치 않아서 책을 통해 지식에 접근할 수 있는 기회는 교회의 수도사들을 제외하고는 매우 제한적일 수 밖에 없었다.

따라서, 교황의 권위가 국왕을 능가할 정도로 힘이 있었던 중세 봉건주의 시대에는, 성경에 대한 일반인의 접근은 철저하게 차단된 상태였으나, 구텐베르크 이후에는 사제들의 전유물인 성경을 일반인들도 소지할 수 있게 됨으로써, 성직자들의 성경지식과 교리에 대한 권위가 점차 약해지는 상황 가운데, 교회의 부조리에 대항하는 종교개혁 의식이 성장하게 되었다.

결국 77년이 지난 1517년, 카톨릭 사제인 마르틴 루터가 면죄부 판매를 포함 95개의 가톨릭교회의 관행을 비판한 논문을 대량으로 인쇄하여 배포하면서 카톨릭에 대항하는 개신교가 탄생하고 성장하는 계기가 되었다.

구텐베르크 인쇄기 덕분에 성경이외에도 대중들이 관심을 가질만한 내용을 대상으로 한 책들이 인쇄되고 판매됨으로써, 점점 더 많은 사람들이 책을 통한 지식에 쉽게 접근할 수 있는 환경이 조성되게 되었다.

또한, 책을 출판하는 속도와 효율성이 크게 개선되고 지식과 정보가 쉽고 빠르게 전달되고 습득됨으로 인해, 고대 그리이스 로마 시대에 만들어진 철학과 과학, 수학에 대한 이론을 유럽사회 전체가 누리게 되는 르네상스 운동이 전개되는 계기가 되었다.

　인쇄술의 발전을 통한 지식의 급속한 보급과 대중화야말로 르네상스 즉 문예부흥운동의 가장 중요한 기술적 요소이었던 셈이다.

　금속활자를 만든 세종대왕과 구텐베르크가 같은해인 1397년에 출생한 것은 매우 흥미롭다.

　그로부터 625년이 지난 2022년에 인공지능 기반의 Chat-GPT (Generative Pre-trained) 가 새롭게 등장하였다. Chat-GPT 덕분에 정보와 지식에 대한 접근성과 정확성이 빠르게 발전하고 있다.

　스마트폰에 저장된 Chat GPT는 언제든지 어느곳에 던지 물어보기만 하면 즉각 지식과 정보를 탐색하여 제공해 준다. 지식에 접근하는 속도와 품질면에서 구텐베르크의 금속활자로 인쇄된 책과는 비교 자체가 무의미하다.

　심지어 과학자나 변호사, 회계사나 의학적인 지식 등 전문가에게 의존할 수 밖에 없었던 전문지식 조차도 지체없이 알려줌으로써, 고급지식의 급속한 대중화가 가속화되고 있다.

　대학에서 배웠거나, 업무를 통해 습득하게 된 고급 정보나 지식조차도 나만의 노하우가 될 수 없으며, 더 이상 전문가의 전유물도 아닌 시대가 된 것이다.

　따라서, Chat GPT를 사용하지 않을 경우, 고급정보와 지식의 습득 속도와 능력에서 뒤질 수밖에 없는 환경이 조성되고 있다.

그러나, 아무리 Chat GPT에게 우수한 인공지능 능력이 있다 하더라도, 질문하는 능력이 떨어지면 답변하는 내용은 그다지 신통치 않을 수 있다. 결국 질문하는 능력이 답을 구할 수 있는 능력이 되는 셈이다.

따라서 분야별로 질문하는 능력을 전문적으로 키우기 위해서는, 또다시 고대 그리스 철학자들이 확립한 자연철학, 형이상학, 윤리학, 정치학, 수사학, 시학과 같은 철학적 개념으로 돌아가야 한다.

그들이 확립한 이론철학과 자연철학 그리고 실천철학 개념의 이해야말로 질문능력을 키울 수 있는 가장 우수한 학습방법이라고 생각되기 때문이다.

과거 유럽의 르네상스로 인해 고대 그리이스 로마의 지식이 재발견됨으로 인한 혜택으로 유럽의 주요 국가들이 주도하는 세계가 형성된 것과 같이, 앞으로 다가올 미래는 인공지능이 주도하게 될 새로운 지식의 급속한 보급의 혜택은 먼저 이해하고 활용하는 자가 누리게 될 것이다.

소크라테스 와 플라톤 그리고 아리스토 텔레스가 지향했던 철학의 세계를 통해, 질문하고 탐구하는 능력을 키울 것을 권하고 싶다.

06
소크라테스의 제자 크세노폰의 경제전문가 개념

지금으로부터 2500년전인 기원전 5세기 소크라테스의 제자중에 크세노폰 (Xenophon) 이라는 사람이 있었다. 그는 플라톤과 함께 소크라테스 아래에서 동문수학한 철학자이자 역사가인데, 다른 철학자들과는 다르게 용병의 신분으로 페르시아의 내전에 참여한 적이 있어서 군인으로서 병법과 전술로 인한 명성을 날렸을 뿐만 아니라, 많은 철학논문을 남긴 훌륭한 철학자 이기도 하다.

그가 남기 글들의 상당부분이 경험을 토대로한 매우 실용적인 내용이라서, 아테네 당시에는 플라톤 보다도 훨씬 더 뛰어난 사람으로 인정받았을지도 모른다.

크세노폰은 그의 논문 "대화형식의 가정경제에 대한 논문"에서, "경제는 부(Wealth)를 만드는 기술"을 의미하며 경제전문가는 소유한 재산(Property)을 이용하여 지속적으로 부를 증가시키는 원리를 이해하고 실제로 재산을 늘릴 능력이 있는 검증된 사람임을 강조하고 있다.

당시 아테네에는 지금과 같은 현대적 교육 시스템이 없던 시대라서, 그가 생각하고 정립한 경제 및 경제전문가 개념을 대중에게 잘 전달하기 위하여, 플라톤이 취한 방법과 비슷하게 소크라테스를 등장시켜 경제에 대하여 질문하고 답변하는 방식을 취하였다.

그의 논문에 등장한 소크라테스는, 크리토불루스라는 사람과 나눈 대화에서 경제라는 개념이 의학이나 건축 혹은 금속가공과 같은 어떤 지식이나 과학의 영역, 즉 전문적인 기술이 필요한 영역인지를 묻는다. 그러자, 크리토불루스는 경제는 재산을 활용하여 부를 증가시키 위해 필요한 기술이라고 설명하며, 경제전문가가 되기 위해서는 전문적인 의사나 목수가 되는 과정과 같이, 먼저 그 분야에 대한 지식과 원리를 정확히 이해한 후에, 상당한 수련과정을 통해서 도달하는 영역임을 설명하고 있다.

예를 들어, 남들이 보기에 훌륭한 말을 재산으로 가지고 있으나 말의 특성을 이해하고 잘 다루는 승마기술을 제대로 익히지 못한 채, 말을 타기만 하면 떨어져서 다친다면 말은 유용한 재산이 아니라 재앙일 것이다. 또한 매우 값진 피리를 가지고 있어서 피리 연주를 통해 자신은 물론 남을 즐겁게 하는 재능을 갖춘다면 그 피리를 통해서 얻는 유익함이 많으나, 피리부는 실력이 부족하여 남들에게 불편한 소음에 불과하다면, 아무리 값나가는 피리라 하더라도 발밑에 있는 흙이나 다름없는 무용지물에 불과할 것이다.

결국 경제의 개념은 다양한 재산(혹은 자산)을 활용하여 부를 늘리는 기술을 의미하며 경제전문가는 그것을 실제로 해낼수 있는 능력을 가진 검증된 사람이다.

크세노폰의 경제전문가 개념을 오늘날에 적용한다면, 기업을 일구어 자산가치를 늘리고 전문적인 경영을 통해 회사를 지속적으로 성장시키는 기업가야 말로 훌륭한 경제전문가인 셈이며, 개인적으로 자산을 잘 불려서 재테크 성공한 사람들도 경제전문가에 포함될 수 있을 것이다.

한편, 크세노폰은 더 큰 의미의 경제전문가 개념을 그가 용병으로 경험한 페르시아의 키루스대왕이 제국을 관리하는 식민지 통치에 비유하여 설명하였다.

정복한 식민지를 잘 관리하여 그지역의 치안을 안정적으로 유지하고, 국민들이 토지 경작과 장사를 통해서 농작물과 천연산물이 활발하게 생산되고 인구가 지속적으로 증가되고 있는 지역의 관리자는 높게 평가하고 군사력을 지원하는 반면, 파견된 관리들의 가혹함과 무례함, 태만으로 인해 농작지가 휴경상태이고 주민들이 점점 줄어들어 세금을 걷기조차 어려운 지역의 관리는 파면하고 다른 통치자를 임명하는 방법을 취하였다.

당장 거둘 수 있는 양의 세금이 중요한 것이 아니라, 식민지역의 발전을 통해 세금제원이 지속적으로 증가하는 것이 제국과 식민지가 함께 번성하는 원리임을 이해하고 있었기에 키루스대왕이야 말로 가장 훌륭한 크고 위대한 경제전문가임을 자연스럽게 묘사하고 있다.

국민과 기업의 경제활동을 통해 국민총생산 즉 GDP의 증가는 국가의 부가 증가하는 동시에 국가 운영에 필요한 세금 제원 또한 지속적으로 증가되고 있음을 의미한다.

국가를 발전시키는 훌륭한 지도자가 되려면, 페르시아의 키루스대왕 처럼 지속적으로 세금제원을 증가시키는 방법을 이해하고 필요한 경험과 능력을 가져야 한다.

재산세나 특별 소비세와 같이 개인이나 기업의 경제활동을 위축시킬 우려가 있는 분야가 아닌, 시장에서의 활발한 상업과 기업들의 다

양한 상품개발과 국제경쟁력을 통해 내수가 촉진되고 국제거래의 증가를 통해 부가세와 수출입관세가 증가되어 지속가능한 세금제원이 확보되고 증가되어야 한다.

우리나라가 현재 봉착한 청년들의 취업기회 제한, 낮은 결혼과 출산율, 육아 및 교육에 대한 어려움, 이로 인해 야기된 다양한 사회적 문제를 극복하고 새로운 희망을 갖기 위해서는, 우리나라의 모든 영역에서 크세노폰이 2500년전 아테네 시민을 설득하기 위해 주장하고 있는 경제와 경제전분가 개념이 절실히 필요한 때이다.

07
아리스토텔레스가 제시하는 지속가능한 국가의 모습

소크라테스, 플라톤과 함께 고대 그리이스를 대표하는 3대 철학자인 아리스토텔레스는 BC 384년 마케도니아에서 태어났다. 그의 아버지는 마케도니아 왕의 주치의였으며, 이로 인해 어린 시절 왕궁에서 생활하며 귀족적 교육을 받았다.

17세에 아테네로 이주하여 플라톤 아카데미에서 20년 동안 철학, 과학, 정치학 등 다양한 분야에 대한 깊이 있는 지식을 쌓았다.

마케도니아의 국력강화로 인해 아테네와의 관계가 악화되면서, 이방인으로서 생명의 위협을 느낀 아리스토텔레스는 친구이던 마케도니아 필리포스 2세의 요청으로, 어린 알렉산더 왕자를 가르치는 스승이 되었다. 아리스토텔레스의 교육 덕분인지 알렉산더 대왕은 나중에 페르시아를 정벌하는 위대한 정복자가 되었다. 아테네로 다시 돌아온 그는 리세움이라는 학교를 설립하고, 철학, 정치학, 윤리학 등을 가르쳤으며 이곳에서 수많은 저작들이 탄생하였다.

20세기를 대표하는 철학자중 한사람인 영국의 철학자 화이트헤드 (Alfred North Whitehead)에 의하면 유럽의 근대 철학은 아테네 철학의 각주에 불과하다고 할 정도로, 아테네 철학은 과학 및 문학과 함께 완벽할 정도로 이론과 학문적인 완성도가 높다고 평가되고 있다.

영국의 프린스턴 대학에서는 1984년 아리스토텔레스의 모든 작품을 영어로 번역한 2,500페이지 분량의 "The Complete works of Aristotle"을 발간하였다. 그 중 제 42편 경제학(Economics)에는 그가 생각하는 당시의 정치와 경제철학을 이해할 수 있다.

정치의 목적은 도시를 잘 구성하고 구성된 도시를 올바르게 유지하는 것이며, 도시의 구성요소인 개별 가정이 건강하여야 결과적으로 가정의 집합체인 도시가 잘 유지되고 발전할 수 있다는 원리를 이해시키고자 노력하였다.

논리학과 예시를 통해서, 가정을 유지하는 (가정)경제의 기능이 도시를 다스리는 정치의 기능보다 그 기원에 있어서 필연적으로 우선한다고 역설하였다. 가정경제 없이는 도시를 다스리는 정치는 애시

당초 존재할 수도 없다는 논리이다. 굳이 복잡한 정치이론과 경제이론을 도입하지 않더라도, 도시의 발전과 개별 가정경제의 발전은 필연적으로 상호 연관되어 있음을 알 수 있다. 아테네 시대의 국가는 도시를 바탕으로 형성된 것이므로, 국가의 안정과 번영은 개별 가정의 건강성에 달려 있는 셈이다. 역사를 통해 알수 있듯이, 유럽사회는 르네상스를 통해 고대 아테네 철학과 과학을 이해하고 그 덕분에 오랜 기간동안 모든 분야에서 뒤쳐져 있었던 중국중심의 아시아를 제치고, 산업혁명을 통한 근대화로 눈부신 경제성장을 이루었다.

동양사회가 국가와 민족을 강조하는 것과 달리, 서구사회는 국가보다는 도시단위로 경쟁하는 모습을 볼 수 있다. 축구나 야구와 같은 스포츠 팀들이 각자 도시를 대표하며 경쟁하는 것이라든지, 올림픽과 같은 국제경기나 엑스포나 포럼 같은 행사개최도 도시간 경쟁을 한다. 아마도 아테네 철학의 영향을 받아서 도시단위의 공동체 의식이 형성되었을 것이다.

아리스토텔레스는 각 가정은 경제적으로 자급자족을 통하여 개인의 기본적인 욕구를 충족시키고, 도덕적 가치를 전수하며 사회의 재생산을 담당하는 중요한 기관이라고 여겼다. 또한, 가정의 구성원의 역할도 명확히 정의하였다. 남편은 가장으로서 경제적 책임과 가족의 안전을, 아내는 가정 관리와 자녀 양육을 담당해야 한다고 보았다. 가정을 중요한 교육의 장으로 여겼다. 부모는 자녀에게 도덕적 가치와 사회적 규범을 가르치는 첫 번째 교사로서의 역할을 해야 한다고 강조하였다. 지금 우리나라의 청년 세대는 미래에 대한 염려와 출산과 육아에 대한 비용 부담으로 결혼을 기피하거나 결혼을 하더라도 출산을 꺼리는 기조가 확산되고 있다.

가정이 정상적인 모습으로 바로 서지 못한다면 대한민국이 미래에 존속가능한 국가로 남을 수 있을지는 장담하기 어렵다. 최근 우리사회에서 새롭게 등장한 ESG(환경,사회,거버넌서) 경영과 지속가능경영이 새로운 화두로 등장하고 있다. 우리나라가 지속가능한 국가가 되려면 무엇보다도 가정에 대한 인식과 시민으로서의 역할이 변해야 한다. 낮은 출산율을 해결하기 위한 수많은 방안이 검토되고 있으나 우리의 인식이 바뀌지 않는 한 밑빠진 독에 물붓는 것에 불과할 것이다.

가정을 바로세우기 위해 필요하다면 어떤 것이라도 긍정적으로 검토할 필요가 있다. 물론 우리 보험산업도 보험상품 개발은 물론이고 다양한 사회공헌 활동을 통해서 가정을 바로세우는 캠페인을 지원하여야 한다.

08

소확행이 아닌 진실로
행복한 삶을 살아야 한다

우리나라의 합계출산율 즉, 임신할 수 있는 여성 한 명이 평생 낳을 것으로 기대되는 아이의 수가 2024년 0.7명 으로 전망되었다. 년간 신생아 출산이 1960년대 1백만명에서 최근 25만명으로 줄어 들었으니, 결과적으로는 1960년대 베이비 붐 시대와 비교하면 신생아의 75%가 태어나지도 않고 사라지는 셈이다.

<뉴욕타임스>칼럼은 한국의 인구감소를 페스트라 불리는 흑사병에 비유하였다. 흑사병(黑死病)은 14세기 유럽에 창궐한 전염병으로, 당시 유럽인구의 60%에 해당하는 약 1억명 정도가 목숨을 잃었

으며, 삶에 대한 태도에 있어서도 그당시 문학가인 보카치오의 데카메론에는 "지금 이순간을 즐기자"는 미래의 희망을 철저히 부정하는 염세주의적 풍조가 등장하였다.

우리나라의 인구감소 과정이 흑사병에 비유되는 것은, 페스트균에 전염되면 희망없이 죽음만 기다릴 수 밖에 없는 무기력으로 인한 절망감이 현재 우리나라의 젊은 청년들이 겪고 있는 어려움과 비슷하기 때문일 것이다.

높은 주택가격과 취업에 대한 어려움으로 인하여, 노력한 것에 비해서는 턱없이 부족한 사회적 기회의 부족으로 인해 제대로 사회적 구성원이 되어 보지도 못한 채, 결혼과 출산 육아를 포기해야하는 절망과 무기력증에 빠질 수 밖에 없는 현실을 경험하기 때문이다.

젊은 청년들이 미래에 대한 희망을 잃고 이로 인한 우울감으로 인하여 '소소하지만 확실한 행복' 즉 소확행을 더 추구하는 기조가 전염병처럼 확산되는 것은 지극히 당연한 결과이다.

'소확행'이라는 용어는 일본작가인 "무라카마 하루키"가 그의 수필집에서 사용한 말로서, 행복을 '갓구운 빵을 손으로 찢어 먹거나 서랍안에 반듯하게 접어 넣는 속옷을 볼 때와 같이 바쁜 일상 속에서 느끼는 작은 즐거움'을 소개하면서 시작되었다.

배경은 다르지만 하루키가 던진 '소확행'이 우리나라에서 유행처럼 번진 것은 보카치오가 살던 흑사병 시대의 염세적인 풍조와 잘 맞아 떨어진 셈이다.

반면에 2,500년전 아테네 철학자인 아리스토텔레스는 그의 저서 수사학(Rehetoric)에서 '행복한 삶'에 대하여 매우 구체적인 예시를 들어 매우 자세히 설명하고 있다.

사람이 태어나서 살아가는 목적은 대체로 '행복한 삶'과 관련되어 있다. 따라서 행복한 삶을 살려면 행복이 무엇을 의미하는 지 알아야 하며, 행복한 삶의 구성요소를 매우 구체적으로 알고 있어야 한다.

행복한 삶으로 인정 받으려면 다음의 4가지중 적어도 하나에 해당 될 수 있어야 한다.

첫째는 미덕 즉 선행을 철저히 실천하는 삶이다.

둘째는 (도움을 받지 않고) 자력으로 사회구성원 역할을 잘 수행할 수 있는 독립적인 삶을 사는 것이다.

셋째는 아무런 염려없이 비교적 안전한 삶을 살아가는 것이다.

넷째는 풍족한 재산과 부릴 하인이 있으며 그것을 지킬 능력이 있는 삶이다.

다시 설명하자면, 종교적인 삶을 살며 존경을 받거나, 자수성가를 통해서 칭찬을 받거나, 안빈낙도와 같이 마음의 평화를 유지하거나, 많은 재산과 부리는 하인으로 인해 주변의 부러움을 사는 삶을 의미한다.

이러한 행복한 삶을 살기 위해서는 다음과 같은 구성요소가 필요하다고 아리스토텔레스는 강조하고 있다.

- 좋은 나라에서 태어나거나 좋은 가정에서 태어날 것
- 많은 친구가 있거나 좋은 친구가 있을 것
- 적당한 재산이 있을 것
- 착한 자녀가 있거나 많은 자녀가 있을 것
- 노년을 건강하고 안전하게 잘 보낼 것

아리스토텔레스가 제시한 행복한 삶은 사회적 존재로서 사회적 가치를 실현하면서 살아내는 삶을 의미한다. 행복한 삶에 필요한 가장 근본적인 운명의 출발점으로, 좋은 나라의 무난한 집안에서 태어날 필요가 있다고 하였다. 북한이나 아니면 그보다 더 열악한 국가를 상상해 보면 금방 이해할 수 있다. 그 다음은 사회가 요구하는 역할을 수행하고 주변과도 좋은 관계를 유지하며 삶을 살아가는 것 즉 Social Network을 형성하는 것이다.

또한, 결혼해서 되도록 많은 자녀를 낳고 양육하는 가운데 안전하고 건강한 노년을 보내기 위해필요한 준비를 갖추는 것이다. 사회적으로 존경받는 종교적 지도자나 학자의 삶도 미덕을 갖추고 존경받는 행복한 삶으로 평가된다. 이러한 아리스토텔레스의 철학은, 유럽의 르네상스 이후 많은 철학자들에게 영향을 주어서, 건강한 직업관과 종교관이 형성됨은 물론, 명문가를 만들고 많은 자손을 거느리는 것을 매우 명예롭고 중요한 미덕으로 간주하는 전통으로 이어진 것 같다.

따라서, 행복을 추구하는 데 있어서 가정과 가족의 역할이 매우 중요하다는 점은 의심의 여지가 없으므로 진정한 행복과 소확행은 철저히 구별되어져야 한다. 우리나라를 행복한 나라로 만들기 위해서는 우리 모두가 좋은 가정과 좋은 나라를 만들기 위한 노력을 하여야 한다. 행복한 삶의 가장 기본적인 출발점이 좋은 나라와 무난한 가정에서 태어나는 것이기 때문이다.

우리나라의 인구 감소를 당연한 것으로 여기고 포기할 것이 아니라, "행복한 삶"에 대한 가치와 철학을 바로잡는 것이 가장 중요하다. 그러기 위해서는 청년들에게 좋은 일자리를 지속적으로 창출하여 제공할 수 있는 올바른 경제정책이 무엇보다 절실히 필요하다.

09
부자나라의 부자국민이 되는 방법

　지난 6월5일은 현대 경제학의 대부라고 불리는 국부론의 저자 아담스미스가 탄생한 지 3백년이 되는 날이었다. 아담스미스의 고향인 스코틀랜드의 글래스고는 물론 우리나라를 포함한 세계 도처에서 아담스미스의 탄생을 기념하는 행사가 열리고 있다.

　베토벤이나 모짜르트, 고호, 고갱과 같이 위대한 예술가의 탄생을 기념하는 연주회나 전시회가 개최는 익숙한 반면, 예술가가 아니면서 자국이 아닌 타국에서 탄생된 해를 기념하여 행사가 열릴 만큼 아담스미스가 받고 있는 국제적인 존경과 인지도는 매우 예외적이다.

　1723년 태어난 아담스미스가 53세에 국부론을 저술한 1776년은,

미국이 영국으로 부터 독립을 선언한 해이고, 우리나라는 조선후기 비극의 주인공인 사도세자의 아버지 영조가 죽고 그의 손자인 정조가 왕으로 즉위한 해이다.

경제학의 문외한인 내가 경제학에 대한 관심을 가지고, 특히 아담 스미스에 대하여 본격적으로 관심을 가지게 된 이유는, 지난 1년간 발발한 전 세계적인 지속적 기준금리 상승기조와 이에 따른 부작용으로 인하여 국제금융은 물론 세계경제가 불안정한 모습을 경험하면서, 금리상승의 원인을 이해하고 해결하기 위한 금융정책을 제대로 이해하기 위해서였다.

코로나 사태, 우크라이나 전쟁, 국제유가인상, 미중갈등 등 다양한 원인을 통해 복합적인 양상을 띠고 있는 글로벌 국제환경 속에서, 미국을 중심으로 영국과 EU등 대부분의 서방 선진국가들이 시도하고 있는 지속적인 기준금리 인상을 통한 통화량 축소정책과 실업률과 인플레이션 관리정책에 대한 효과를 관찰하기 위하여 매일매일 출근길 블룸버그 방송을 통해 꾸준히 모니터링하였다.

결국, 기준금리의 급격한 상승으로 인한 자산가치 하락으로 미국과 스위스의 은행들이 파산하거나 합병되는 사태가 발생하였고, 전문가들의 견해에 따르면 국제금융이 안정화 단계에 이르기에는 아직도 1년 이상의 상당 기간이 필요할 것이라고 한다.

우리나라도 수출산업 보호와 외화자본 유출방지, 안정적 국채발행을 통한 자본조달등 적정환율 유지를 위한 금리정책을 펼치는 등,

중국이나 일본과는 확연히 다르게, 미국의 금리인상 기조에 상당부분 동조하는 정책을 취하고 있는 것으로 보인다.

1929년 대공황을 경험하고, 1971년 금본위제에서 달러로의 전환 이후 실질적으로 글로벌 금융을 주도하고 있는 미국의 금리정책 역사를 통해서, 비록 어설픈 지식에 불과하지만 미국의 주류 경제학파인 시카고 학파의 밀턴 프리더먼, 영국의 케인즈와 리카르도, 그리고 칼막스를 넘어서 결국은 근대 경제학의 출발점인 아담스미스에 이르게 되었다.

국부론의 원제목은 "An Inquiry Into the Nature and Causes of the Wealth of Nations"로서 "나라들이 부자가 되는 특징과 이유에 대한 질문"이라는 매우 긴 제목인데, 저자의 의지와 무관하게 The Wealth of Nations, 즉 국부론이란 짧은 제목으로 변경되었다.

아담스미스는 페이지가 넘는 국부론을 통해서, 국가와 국민이 가장 효율적으로 부(wealth)를 만들 수 있는 원리를 매우 쉽게 이해시키고자 노력하였다.

나의 첫번째 발견은 부(wealth)에 대한 정의와 부가 증가할 수 밖에 없는 메커니즘에 대한 이해이다.

아담스미스가 정의한 국가의 부(wealth)의 개념은 국가의 재산이 아닌 국민들의 생산량 즉 노동과서비스를 통한 부가가치 생산이다.

국가가 생산할 수 있는 "총생산량의 증가" 즉 소유의 개념이 아닌 국민들의 생산활동을 통해 부가가치를 지속적으로 상승시키는 활동

이야 말로 국가가 점점 잘살게 된다고 설명한다.

한 공동체의 생산량이 증가하면 공동체의 부가 증가하고 궁극적으로는 공동체의 개개인의 부는 당연히 증가하게 된다. 물론 부의 쏠림이 없이 분배가 공정하게 이루어 진다는 전제이다.

공동체 즉 국가의 부를 효율적이고 지속적으로 증가시키기 위해서는 다음의 단계별 시스템의 선순환 구조가 필요하다.

첫 단계는 "분업을 통한 생산량의 극대화"이다. 생산량이 증가하면 국가의 부가 증가하기 때문이다. 따라서, 분업화는 물론 혁신적인 기계를 연구하고 발명하여 생산량을 지속적으로 증가시켜야 한다.

둘째 단계는 시장을 통해 수요와 공급이 조절됨으로써 생산된 부가 폐기되지 않도록 수요와 공급을 효율적으로 관리할 수 있다.

서로가 필요로 하는 재화와 용역의 양과 시기를 시장을 통하여 가장 합리적인 가격으로 조절되고 관리될 수 있음을 강조하였다.

이것이 바로 시장의 역할 즉 새로운 부를 가장 효율적으로 창출하고 관리하는 보이지 않는 손 (Invisible Hands)인 시장(Market)의 역할이다.

따라서, 효율적인 시장제도야 말로 최대의 생산량을 통해 최대의 부가 만들어지는 가장 효율적인 시스템인 셈이다.

나는 아담스미스의 책을 통해 이해하게 된 경제의 원리 즉 경제학 교과서에 담겨 있지 않은 내용을 틈나는 대로 많이 소개하고자 한다.

10

욕심과 타락을 방지하는 보이지 않는 손 "도덕감정"
(moral sentiments)

애덤스미스가 국부론을 발표한 18세기 중엽의 영국은 방적기의 발명과 효율적인 증기기관의 개발로 인한 산업혁명으로 국가의 생산력이 폭발적으로 증가하던 시기였다.

사업가는 새로운 기술을 개발하여 특허를 획득하면 작은 비용으로 대량생산을 통해 큰 부를 얻을 수 있었고, 국가는 새로운 공급처를 찾아서 거래함으로써 생산량을 확대하는 등, 공업과 상업의 선순환 체계를 통해 자본가는 물론 국가 전체의 부가 지속적으로 증가하게 되었다.

부를 증대할 욕심으로 더 큰 시장을 찾아서 국가간 거래를 확대하는 과정에서, 대등한 입장에서 공정한 거래를 하는 정상적인 시장이 아닌 일방적으로 거래를 강요하거나 강제로 식민지를 만드는 제국주의의 함정에 빠지게 되었다.

한때 영국은 "해가 지지 않는 나라"라고 불릴 정도로 5대양 6대주에 수많은 식민지 국가를 만들게 되었는데, 미국의 노예제도나 인도에서의 수탈정책, 중국과의 아편전쟁 등 많은 문제를 일으켰음에도 불구하고 영국이 취한 식민지 정책은 스페인이 도입한 식민지 정책과는 매우 큰 차이가 있었다.

스페인은 8세기부터 이슬람교도인 무어인이 지배하던 남부지역 그라나다 (알함브라 궁전이 있는 곳이다)를 수복하기 위하여 15세기 무렵 엔코미엔다(Encomienda)라는 제도를 시행하였다. 무어인으로부터 국토를 회복하고 이슬람 교도를 기독교(카톨릭)로 개종하는데 공을 세운 군인이나 상인들에게 회복한 지역을 직접 관리할 수 있는 통치권을 주는 제도였다.

이슬람 지역 국토회복 운동으로 시작한 엔코미엔다는 아메리카 대륙 발견을 통해 16세기 이후 스페인이 뉴스페인(멕시코)과 잉카제국(페

루) 등 중남미 국가를 정복하는 과정에서도 비슷하게 적용되었다.

아메리카 원주민을 기독교로 개종시킨다는 명분으로 식민지에 파견한 감독관인 엔코멘데로(Encomendero)에게 원주민으로부터 노동과 공물을 취할 수 있는 통치권과 소유권을 인정하였다.

기독교 전파라는 명분을 내세웠지만, 엔코멘데로와 스페인 군대는 페루의 잉카제국을 포함한 많은 국가들을 대상으로 무력으로 굴복하고 착취하는 만행을 저질렀다.

스페인이 정복한 남미의 많은 국가들이, 아직까지도 리더쉽 부재와 부정부패로 인한 정치적 경제적 혼란을 겪고 있는 반면, 과거 영국의 식민지 국가들은 "Commonwealth" 라는 느슨한 동맹체를 결성하여 영국 여왕을 중심으로 한 정치적 문화적 공감대를 유지하고 있다.

부를 얻고자 하는 열망과 착취하고자 하는 본성은 같았으나, 수탈하는 과정에서 영국과 스페인이 채택한 방법의 "도덕성의 차이"로 인하여 관계면에서는 서로 다른 결과를 만든 것처럼 보인다.

애덤 스미스가 주장한 자유로운 거래 즉 시장을 통해 국가의 부를 성장시킬 수 있다는 "중상주의"이론은 2차대전 이후 미국이 주도한 WTO와 GATT(관세 및 무역에 관한 일반협정)를 통하여 보호무역의 산물인 관세장벽이 제거되고 국제적으로 자유무역이 확장되는 계기가 되었다.

GATT와 같은 국제적 합의를 통한 진보적 과정이 없었다면, 아직까지도 부를 획득하기 위해 일부 강대국들이 약소국을 야만적으로 공격하고 착취하는 제국주의가 근절되지 않았을 가능성이 높다.

아마도 우리나라와 같이 수출과 가공무역에 크게 의존하는 나라가, 기술력을 바탕으로 고도로 성장하고 세게 10위권의 경제대국은 물론 선진국이 되는 것은 애초에 불가능하였을 것이다.

아담스미스는 "국부론"을 집필함으로 인해 "현대 경제학의 아버지"라는 찬사를 받고 있지만, 정작그의 무덤에 새겨진 묘비명에는 "도덕감정론"의 저자 여기에 잠들다" 라고 새겨져 있다.

묘비명에 새겨질 정도로, 그를 유명하게 만든 "도덕감정론(the Theory of Moral Sentiments)"은 그의 나이 불과 36세인 1759년에 집필되었다.

이 책으로 인하여 그의 고향인 글래스고 대학에서 교수로서의 명성을 알리게 되었을 뿐만 아니라, 유명 부호의 가정교사로 채용되어 영국은 물론 프랑스와 유럽을 여행하며, 당시 유명한 다양한 명사들을 만나면서 듣게 되는 지식과 토론을 통해, 결국 "국부론"을 쓸수 있는 자양분을 형성할 수 있었다.

애덤스미스는 "도덕감정론"에서 다양한 사례를 통해 공감(sympathy)의 중요성, 질서를 유지시키는 공정한 관찰자(impartial spectator), 존경받는 사람의 기준을 설명하고 있다.

그가 주장하는 사회적으로 존경받는 사람은 신중함(Prudence), 정의(Justice), 자비(Beneficience), 절제(Self Control)를 갖춘 사람이다.

개인이나 국가가 비난 받지 않을 정도로 극단적인 타락상태에 빠지지 않게 하는 사회적 규범은 시장기능과는 다른 의미로 또 하나의 보이지 않는 손(invisible hands)이 사회를 타락시키지 않도록 조절하는 역할을 한다

경제학을 정통으로 전공하는 경우는 물론, 나처럼 호기심으로 경제학에 관심을 갖는 경우가 있다면, 애덤스미스가 쓴 "국부론"과 "도덕감정론"을 꼭 읽어보기를 권하고 싶다.

11

야만적인 전쟁을 멈추게 한
아담스미스의 국부론

1929년 출간된 독일의 소설가 레마르크의 소설을 영화로 만든 에드워드 버거감독의 "서부전선 이상없다"는 제1차세계대전중 독일의 서부전선인 프랑스 접경의 참호전 묘사를 통해 왜 전쟁을 해야만 하는지를 생각하게 하는 영화이다.

주인공 파울은 학교 선생님에게 설득되어, 적군을 격파하고 승리를 맛볼 생각에 한껏 고양된 채 전장으로 향한다. 그러나, 전쟁의 비참함과 굶주림, 의미를 찾을수 없는 살생을 겪으며 조국을 지킨다는 사명감은 환상에 불과했음을 깨닫고, 몸과 마음은 점점 지치게 된다.

특히, 후퇴를 하던 중 프랑스군과 육박전을 치르는 가운데 파울이 죽인 프랑스 군인이 평범한 가장임을 알게되면서, 전쟁의 최전선에서는 왜 싸우는지도 모른 채 그저 삶과 죽음의 기로에서, 원초적인 생존본능 만으로 서로를 죽이는 일이 일어나고 있음을 깨닫게 된다.

휴전을 하루 남기고 오랜 전우인 카트가 프랑스 농장에서 달걀을 훔치는 과정에서 농장주인의 아들이 쏜 총에 허무하게 죽게 된다.

그리고, 다음날 1918년 11월 11일 11시에 최종적으로 휴전협정이 체결되고 1차대전은 종료되었다.

1차대전이 발발하기전 100년동안 (1815~1914) 유럽대륙은 과학기술의 발전과 산업혁명으로 인하여 생산량이 비약적으로 증가하여, 중세 천년동안 400불에서 500불로 증가하는 정도에 그친 인당 GDP가, 백년만에 500불에서 2000불로 증가하게 되었다.

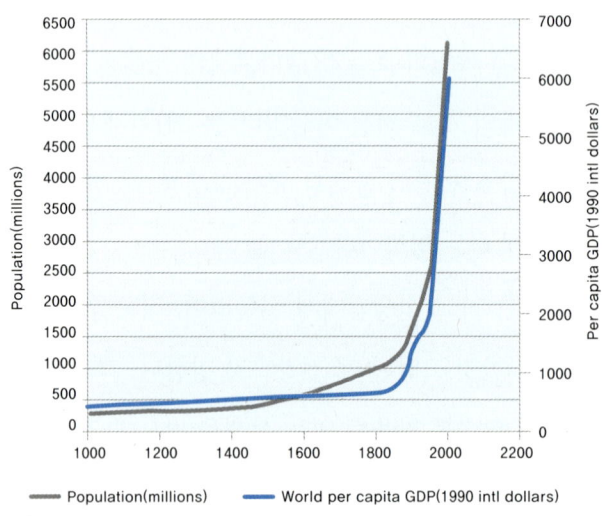

　산업혁명으로 인한 생산량의 비약적인 증가로 인하여, 유럽 대부분 국가들이 역사상 최고의 풍요로움을 경험하게 되었다.

　산업혁명을 경험한 제국주의 국가들은, 생산된 물건을 강제로 팔기 위한 식민시장 확보를 위해서, 아메리카, 아프리카와 아시아를 대상으로 식민시장 확보를 위한 해외진출 경쟁하게 되었다.
　대부분의 국가간 충돌이 자국이 아닌 식민지역에서 발생하다 보니, 파울과 같이 전쟁을 낭만적인 생각으로 임하는 것은 당시 제국주의 국민들이 일부 선동가 들에게 설득되기 쉬운 상황이었다.

이는 일본이 2차대전중 자국민을 선동함은 물론 식민지하에 있던 우리나라 학생들마저 전쟁터로 몰고 간 것과도 비슷하다.

그러나, 파울의 경험처럼 일단 전쟁이 발발하면, 그럴듯한 명분은 자취를 감추고 전쟁터는 파괴적 행위를 서슴지 않는 잔인한 재난의 장이 될수 밖에 없다.

그럼에도 불구하고, 인류는 수천년동안 전쟁에 정당성을 부여하는 어처구니 없는 실수를 반복하여 왔다.

부국강병, 즉 무력을 통한 부의 확대에 있어서 인식의 전환이 생기게 된 것은 아담스미스의 국부론(the wealth of Nations) 덕분이다.

국부론의 원제는 국가들이 부자나라가 되는 특성과 원인에 대한 고찰 (An Inquiry into the Nature and Causes of the wealth of Nations) 이다.

아담스미스는 1000 페이지에 이르는 방대한 분량을 통하여, 국가가 부자가 되는 원리를 매우 쉽게 설명하였다.

국가의 부는 소유가 아닌 생산을 통한 부가가치 확대에 달려있으며, 생산력이 증가하기 위해서는 자본과 기술, 노동력이 필수적이다.

그리고, 생산량은 반드시 시장에서의 수요와 공급을 통해 합리적으로 결정되는 시장메카니즘이 작동되어야, 불필요한 잉여 혹은 부족함이 발생하지 않고 가장 효율적으로 생산량이 관리될 수 있다.

그 외에도 분업의 효과, 세금의 역할, 통화의 개념 등 현대경제학의 기초가 되는 거의 모든 분야를 다양한 역사적 사례와 일반적인 예를 들어서 알기 쉽게 설명하였다.

무엇보다도 국가간 무역의 중요성을 강조함으로써, 강한 군사력을 통한 부의 증대개념을 지양하고 무역시장의 확대를 통한 상호 교환을 통해 부가 증가될 수 있음을 알게 하였다.

1차 대전을 치르면서 수천만명의 군인과 민간인의 피해로 인해 국제연맹이 결성되어졌음에도 불구하고 2차대전 발생을 막지 못하였다. 여전히 식민시장 확보를 위한 제국주의 열강들의 충돌이 지속되었기 때문이다.

그러나, 1947년 체결된 GATT(관세 및 무역에 관한 일반협정) 와 그후에 국제기구인 WTO(국제무역기구)는 관세를 통한 보호무역 장벽을 철거하기 위해 노력함으로써, 국가의 목표를 부국강병 보다는 국제무역을 통한 동반성장으로 변화시켰다.

그결과 세계 도처에 경제적으로 작지만 강한나라 들이 출현하게 되었고, 우리나라도 그 가운데 하나로 인정받게 되었다.

펜이 칼보다 강하듯이, 국가의 부의 증대를 위해서는 국제무역이 전쟁보다 강하다는 것을 정치 지도자들이 잘 인식하게 되면, 지구상에서 전쟁이 사라지는 때가 오지 않을까 기대해 본다.

Part2

경제이야기

01
오케스트라와 경영의 유사점

내가 일하는 코리안리는 매년 1월초에 신년음악회 행사와 함께 한 해 업무를 시작한다.

신년음악회 행사가 가족동반 행사이다 보니 직원들에게는 마치 페스티발에 참석하는 것처럼 설레임과 긴장이 있다.

세종문화회관 근처의 번듯한 호텔에서 새로 입사한 신입사원 부모님과 함께 전직원이 모여서 저녁식사와 식전행사를 한후 공연장인 세종문화회관으로 이동하여 서울시립교향악단이 준비한 오케스트라 공연을 감상한다.

신년음악회 행사는 2015년 부터 서울시향과 함께 해오며 점점 코

리안리 60년사에서 멋진 문화중 하나로 자리잡게 되었다.

 세계적 오케스트라인 서울시향이 준비한 연주를 감상하며 한해를 시작하는 것은 매우 행복한 일이다.

 고전 음악에 문외한이었던 내가 매년 정기적으로 클래식을 감상하다 보니, 이제는 제법 클래식을 즐길줄 아는 사람이 되어서, 이제는 혼자서 장기간 운전하며 클래식 라디오에 채널을 고정하고 볼륨을 최대한 높여서 선율을 감상하게 되었다. 장거리 운전이 피곤하기는 커녕 혼자서 클래식을 감상할 수 있는 훌륭한 공연장으로 변하였다.

클래식 공연은 곡을 미리 이해하고 감상하는 것이 중요할 뿐만 아니라, 언제 연주가 끝나서 박수를 쳐야 하는지 타이밍을 이해하는 것도 매우 중요하다. 가끔은 연주가 끝난줄 알았는데 약간의 휴지기를 거치며 계속하여 연주하는 경우가 있어서 간헐적인 박수가 나오면 오히려 관람 분위기를 헤치는 민망한 상황이 발생하기 때문이다.

코리안리 직원들은 공연 하루나 이틀 전에 평론전문가를 초빙하여 해당공연의 전반적인 이해와 공연 감상 중 주의해야 할 부분에 대한 교육을 받는다. 매년 이러한 교육을 받고 동반하는 가족에게 폼재며 알려주다 보니, 회사 덕분에 클래식 미개인이 점점 문명인이 되어가는 느낌이다.

서울 시향은 매년 저명한 지휘자를 초청하여 코리안리 신년음악회 공연을 하는데, 금년에는 "게리트 프리스니츠"라는 오스트리아 지휘자를 초청하여 "요한 슈트라우스"의 곡을 중심으로 연주하였다. 오스트리아는 관객들도 연주자와 비슷한 복장으로 차려입고 가서 공연을 관람한다고 하는데, 그래서인지 그는 공연 내내 객석과 호흡을 같이 하며 거의 매곡 우뢰와 같은 박수를 받아내곤 하였다. 그의 열정적이면서도 관객과 호흡하며 지휘하던 모습이 지금도 눈에 선하다.

매년 신년음악회를 감상하며, 지휘자와 오케스트라는 짧은 시간 호흡을 맞추었을 텐데 어떻게 저런 훌륭한 하모니를 낼 수 있는지 항상 놀라게 된다.

지휘자의 훌륭한 리더십뿐만 아니라 어떤 지휘자에게도 맞추어 연주할 수 있는 오케스트라 연주자들의 피나는 연습과 프로의식이 공연을 통해 보여지는 것 같다.

오케스트라 공연과 회사 경영은 유사한 점이 있는데, 지휘자의 역할과 각 부문별 역할의 전문화, 그리고 하모니와 시너지 면에서도 그런 것 같다.

약 100명에 이르는 풀 오케스트라 대형은 지휘자를 중심으로 반원을 그리며 형성되어 있다.

관객과 가장 가깝게 현악기인 (제1, 제2)바이올린, 비올라, 첼로, 더블베이스 순으로 배열되어 있고, 그다음 목관악기, 금관악기, 타악기, 그리고 피아노등 특수악기가 곳곳에 배치되어 있다. 악기별로 연주자들이 앉는 위치는 철저히 실력에 따라 정해진다고 한다.

지휘자는 당연히 회사의 모든 경영을 책임지는 CEO에 해당되고, 악기별 수석 연주자는 아마도 임원에 해당될 것이다. 그리고 서로다른 악기는 회사의 여러 부서들이 각각 그 "역할과 책임"에 따라 직급과 업무가 할당되는 원리와 비슷하다.

회사 경영의 지휘자인 CEO가 관객인 주주를 위하여 준비한 공연 시간은 1년이다. 연간 사업계획을 통해 준비한 공연내용을 1년동안 4번의 정기 공시를 통하여 관객인 주주로부터 평가를 받게 된다. 멋진 공연을 관람하다 보면, 지휘자는 관객으로부터 공연 후에는 물론이거니와 공연중에도 많은 박수를 받는 모습을 보게 되는데, 관객의 박수는 지휘자 뿐만 아니라 연주자 모두에게 주어지는 박수이다.

나는 코리안리의 많은 직원들이 CEO를 중심으로 오케스트라 연주자가 지휘자에 맞추어 일사불란하게 악보를 연주하듯, 묵묵히 최선을 다해 헌신적으로 일하는 모습에서 오케스트라 연주자와 같은 진정한 프로의 모습을 발견하며 묘한 감동을 느낀다.

금년에는 남녀 각각 7명씩 총 14명의 신입사원들이 코리안리 오케스트라의 새로운 단원으로 합류하였다. 신입사원들은 언제나 그렇듯 회사에 새로운 에너지와 활력이 넘치게 한다. 선배들보다 더 잘 준비되고 열정이 넘치는 새내기들을 보면서 회사의 미래에 대한 자신감과 확신도 가지게 된다.

2023년 한해도 준비한 공연을 잘 연주하여, 공연중에는 물론 공연을 마치고 우뢰와 같은 박수갈채를 받을 수 있도록 임원으로서 CEO를 돕는 수석연주자의 자세로 업무에 임할 것이다.

02
대출의 목적과 그 위험성에 대하여
(Leverage)

지난 6월, 한국은행이 우리나라 금융시스템의 위험요인을 분석하고 평가하는 목적으로 년2회 발간하는 "금융안정보고서"는 우리나라의 "매크로 레버리지(Macro Leverage)"의 증가로 인한 위험성을 중요한 현안으로 다루었다.

레버리지(leverage)의 사전적 의미는 지렛대를 사용하거나 지렛대의 힘을 의미하는 것으로서, 부채를 조달하는 대출행위를 "레버리지"로 칭하는 것은 "대출행위"의 목적이 "자산증대"에 있음을 의미한다.

부자가 되고자 하는 것은 인간의 기본적인 욕망이며, 이로 인해서

자본주의 근간이 "대출사업"이 발명되고 이를 관리하는 제도가 시대와 장소에 따라서 변해왔다.

지금으로부터 5천년 전인 BC 30세기, 문명의 발상지인 메소포타

미아 지역의 수메르(Sumer)에는 씨앗(Seed)이나 농기구를 빌린 후 농작물을 수확하여 갚는 제도가 있었는데, 대출의 대상이 문자 그대로 "Seed Money"인 셈이다.

BC 15세기, 고대 이집트에서는 씨를 뿌리는 파종기에 곡물을 빌리고, 수확기에 이자와 함께 상환하는 대출시스템이 있어서 새롭게 농지를 개척하고 생산을 확대하는데 크게 기여를 하였다.

그러나, 대출(농작물)을 상환하지 못할 경우, 노예가 되어 노동으로 빚을 갚아야 하는 엄격한 상환규정으로 인해, 수확이 줄어서 제대로 빚을 갚지 못할 경우에는 노예로 전락하게 되는 구조적인 모순점이 있었다. 결국, 수년간 지속된 기근으로 인해 거의 모든 국민이 파라오(Pharaoh)의 노예가 되었고, 파라오는 국민들의 노동을 착취하여 피라미드와 같은 거대한 건축물을 지을 수 있는 힘있는 존재가 되었다.

BC 5세기, 최초의 성문법으로 알려진 로마의 12표법(Twelve Tables)은 대출사업의 최대 이자율을 8.33%로 제한하고 이를 어기는 경우에는 처벌하는 규정을 두어서 귀족에 비해서 상대적 약자인 평민(채무자)을 보호하기 위한 장치가 마련되었다.

기독교가 지배한 중세 유럽사회는 대출사업을 "고리대금"으로 간주하여 엄격히 금지하였으나 유대인들에게는 예외적으로 허용하는 바람에, 유럽 전역에서 유대인들이 금융시장을 장악하고 독점케 되는 환경을 제공하였다.

이슬람교가 지배하는 중동지역 국가들도 이슬람의 율법적인 지침을 의미하는 샤리아법(Sharia)에 따라서 이자(리바)를 받는 대출사업을 엄격히 금지하여 대출사업으로 인한 위험성을 원천적으로 차단하는 것이 이슬람 사회의 통치 및 경제철학임을 알 수 있다.

자본주의 문제점으로 출현한 사회주의 국가들 또한, 자본주의의 순기능 보다는 자본이 노동을 착취하는 것에 대한 원천적인 차단을 목적으로 국가가 운영되고 있음을 알 수 있다.

역사적으로 "Leverage"에 대한 효용성과 위험성을 관리하는 국가의 제도는 국가와 사회의 정체성을 바꿀 정도로 강력한 힘이다. 개인적으로는 부채를 상환하지 못할 경우, 노예가 될 각오를 해야 할 정도로 매우 위험한 행위임을 알 수 있다.

한국은행 자료에 의하면, 우리나라의 2023년말 매크로 레버리지 비율은 약 250%로서, 우리나라의 총 부채량은 (명목)GDP 2,400조원의 2.5배인 약 6,000조원이다.

과거 15년동안 국민총생산(GDP)은 1조4,400억불에서 1조7,800억불로 약 23% 증가에 불과한 반면, 총레버리지 비율은 188%에서 251%로 63% 증가하여, 우리나라의 부채증가 속도가 GDP성장의 2.7배가 될 정도로 빠르게 증가하고 있다

우리나라의 부문별 레버리지는 기업이 114%, 가계가 94%, 정부가 44%이다.

주목해야 할 부분은 레버리지의 규모가 아니라, 레버리지를 일으키는 목적과 그 결과로서 우리나라의 부문별 국민총생산 증가에 기여하고 있는가의 문제이다.

대체로 기업이 합리적인 근거를 갖고 사업성이 검증된 분야에 투자를 목적으로 부채를 조달하는 반면, 일반 가계는 제대로 된 금융지식 없이 주변의 성공담과 투자하지 않으면 도태될 것 같은 조바심으로 인하여 무분별하게 부동산이나 주식 혹은 가상화폐 등에 투자하고 있을 가능성이 높다.

정부에서 조달하는 부채 역시, 레버리지 효과 즉 국민총생산의 증가에 기여하지 않는다면 조달규모를 최소화할 필요가 있다. 조달 목적은 물론 사용처에 대한 검증 그리고 부채를 언제 어떻게 갚아야 할지가 투명하게 검증되어야 한다.

정부가 조달하는 부채도 국민들이 세금으로 갚아야 할 부채이기 때문이고, 궁극적으로는 현세대 보다는 다음세대인 우리의 자녀들이 더 많이 부담해야 할 부채임이 명백하기 때문이다.

03
우리나라 경제발전의 숨겨진 비밀 **자유무역주의**

지난 8월, 뉴질랜드 오클랜드대학의 MBA과정 학생들을 대상으로, "한국기업의 글로벌 경쟁력 획득 비결"을 주제로 한 강의를 요청받고 준비하는 가운데, 한강의 기적이라 불리는 우리나라 경제발전에 대하여 생각해보는 계기가 되었다.

인구와 경제 규모에 있어서 한국은 뉴질랜드의 약 10배이다.

뉴질랜드 인구는 한국의 1/10인 5백만명 이고, GDP는 한국이 약 10배인 2조 4,000억불이다.

국민들의 삶의 질을 의미하는, 구매력을 반영한 인당 국민소득은 공교롭게 두나라가 약 54,000달러로 비슷한 수준이었다.

그러나, 경제상황과 미래전망에 있어서는 두나라가 매우 다른 상황임을 알게 되었다. 1970년대 까지만 해도 뉴질랜드는 미국과 영국 정도로, 세계에서 가장 잘사는 나라에 속하였다. 넓은 땅과 목축에 적합한 기후로 인해, 소와 양의 수가 인구의 10배에 달하고, 모직산업의 발달로 양털에 대한 수요가 전세계적으로 확대되어, 낙농과 유제품 그리고 양털을 사용한 모직제품 수출을 통해 안정적인 부를 누릴 수 있었다.

반면, 우리나라는 수출 1억불 국민소득 1,000불을 목표로 할 정도로 정말 가난하고 초라한 나라였다. 일제강점기와 한국전쟁, 그리고 1960년대의 매우 불안정한 정치 상황이로 인해 국가경제가 발전하기에는 진흙속에 장미를 기대해야 할 정도로 절망적인 환경이었다. 그럼에도 불구하고, 50년동안 주력산업을 바꿔가며 전세계 경제사에 전무후무한 비약적인 성장을 통해 한강의 기적을 이루게 되었다.

70년대에는 가발산업, 섬유산업, 폐타이어 재생등 돈이되는 것이라면 가리지 않았고, 심지어 월남전 파병과 독일에 광부와 간호사를 파견하는 등 인력공급을 통해서도 경제발전의 밑천이 되는 산업자본을 확보하기 위해 노력하였다.

80년대는 들어서, 중화학공업 육성정책과 건설회사들이 중동시장에서의 벌어들인 외화자본을 통해, 석유화학산업은 물론 조선과 자동차 전자산업에 대한 본격적인 투자가 가능케 되었다.

　90년대에 들어서 자동차와 가전산업은 비록 품질면에서는 다소 뒤졌으나, 아시아나 아프리카 동유럽등 저개발국가와 틈새시장을 대상으로 수출경쟁력을 확보할 수 있었다. 그야말로 세상은 넓고 할 일은 많은 시기였다. 비록, 지나친 해외투자로 인한 IMF구제금융을 겪기도 하였으나, 2000년대에 들어서 반도체와 자동차를 주축으로 글로벌 시장을 주도하는 글로벌 기업들의 등장으로 인하여 그야말로 실질적으로 선진국의 문턱에 진입하게 된 것이다.

　한국이 지속적으로 시장을 확대한 반면, 뉴질랜드는 주요 수출시장인 영국이 1973년에 유럽연합의 전신인 유럽공동체에 가입하면서 수출물량이 급격히 감소하게 되었고, 이로 인해 약 20년간 경제성장이 정체되는 과정을 겪게 되었다.

기업은 물론이거니와 한 국가가 수출시장을 잃게 되는 것은 경제발전에 있어서 매우 치명적이다.

따라서, 수출시장을 유지하고 확장하는 것은 한국가가 지속적으로 발전하기 위해서는 가장 중요한 영역임에 틀림없다.

16세기 콜럼버스의 신대륙 발견으로 시작하여 제2차대전이 끝날 때까지, 약 450년동안 유럽의 제국주의는 강자가 약자를 무력으로 수탈하는 것을 당연시 하던 매우 야만적인 기간이었다.

부를 획득하기 위해서라며, 노예제도를 포함한 반인륜적인 행위도 서슴지 않았고 식민시장 확보를 위해서라면 1,2차 세계대전과 같은 무력도발이 당연시 되었다.

다행히도, 제국주의식 시장만들기 경쟁은 1,2차 대전을 통한 엄청난 규모의 사상자와 파괴에 대한 각성을 통하여, 1947년 스위스 제네바에서 23개국이 모여 GATT(General Agreement of Tariffs and Trade) 즉 관세 및 무역에 관한 일반협정을 체결하게 된다. 관세로 인한 보호무역 기조를 통해 형성된 배타적 이기심을 지양하고, 불가피한 분야를 제외하고 관세를 최소화하여 자유무역 가치를 제고하려는 노력이었다. 즉 무력으로 부를 획득하는 야만적인 형태를 지양하고, 자본과 기술력을 통한 제품경쟁력을 통해, 실력있는 국가가 부를 얻을 수 있는 플랫폼을 만든 것이다.

만일 GATT와 같은 자유무역협정이 없었다면…

자유무역 원리가 탐욕스럽고 잔인한 제국주의적 식민시장 정책과 전쟁을 방지할 수 있는 동시에 국가들의 부를 확대하는 원리라는 것을 그 당시의 많은 지도자들이 이해하지 못했다면…

현대 경제학의 원리가 각국의 많은 경제학자들과 석학들에 의해 체계적으로 계승되지 않았다면…

아담스미스가 국부론을 통해 시장의 원리와 국가가 잘살게 되는 원리를 알려주지 않았다면…

한강의 기적이 가능하였을까…

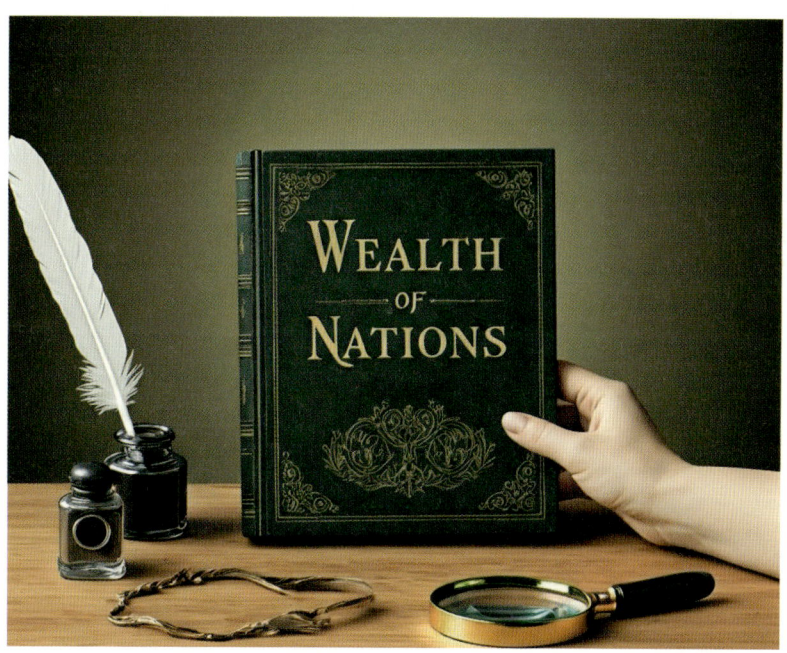

나는 지금 런던으로 가는 비행기에서 250년전의 아담스미스를 생각한다. 국가들이 부자가 되는 원리에 대하여(An Inquiry into the Nature and Causes of the Wealth of Nations)…

04
우리에게 **똑똑한 정부**가 절실히 **필요한 이유**

　튀르키예 출신의 세계적인 경제석학인 대런 애쓰모글루 MIT교수는 그의 공동저서 "왜 국가는 실패하는가 (Why Nations Fail)"를 통하여, 정치 및 경제제도를 결정하는 국가의 역할이 국민의 현재 및 미래의 삶을 좌우하는 매우 중요한 요소라는 사실을 "노갈레스"라는 분단도시와 남과 북으로 나누어진 한반도를 사례로 설명하고 있다.

　첫번째 예는 미국과 멕시코로 분단된 도시 노갈레스에 대한 이야기이다.

미국과 멕시코의 국경에 위치한 노갈레스는 1853년 미국이 현재의 애리조나와 뉴멕시코의 남서부를 사들이면서 두 개의 도시로 분단되게 되었다. 분단된 이후에도 상호간의 왕래와 문화행사를 같이 하는 등 동일성이 유지 되었으나, 1994년 국경에 장벽이 생기면서 차이가 나기 시작하여, 미국에 속한 애리조나주의 노갈레스는 국민소득은 물론 교육수준과 공공시설 의료서비스 등 모든 면에서 멕시코의 노갈레스를 크게 앞서고 있다. 노갈레스 사례는 동일한 도시가 다른 국가체제로 편입됨에 따라서 운명이 변하게 된 경우이다.

두번째 사례인 남한과 북한의 경우는 노갈레스보다 훨씬 더 극적이다.

해방과 한국전쟁으로 인해 남북으로 분단된 한반도는 약 2.5세대가 지난 현재, 여러가지 면에서 매우 극명한 차이를 보여주고 있다. 시장경제를 채택한 남한의 경우는 국가가 주도한 경제개발 계획, 국민들의 저축과 기업들의 지속적인 기술혁신을 통한 글로벌 경쟁력 확보를 통해 1996년에 OECD회원국 가입은 물론 부자나라를 의미하는 선진국 반열에 진입하게 되었다. 반면, 사회주의 제도를 채택한 북한은 사유재산권과 자유시장을 없애고, 정치와 경제의 모든 면에 있어서 자유 경쟁을 배제하고 소수의 지배계급이 모든 이권을 독점하는 독점적 체제를 수립하였다. 그 결과, 그들이 주장하는 유토피아적 국가건설은 고사하고 아프리카 일부 국가를 제외하고는 지구상에서 가장 후진적인 나라로 전락하고 말았다.

　북한의 사례는 많은 독재국가와 무수한 사회주의 국가에서, 일부 소수의 지배계급이 국가의 모든 권력과 혜택을 독점할 경우 국민들 개개인의 경쟁력과 무관하게 가장 낙후된 국가로 전락할 수 밖에 없음을 보여준다.

　아담스미스는 국부론에서 국가와 국민의 부가 증가하기 위해서는, 수요와 공급을 가장 효율적으로 조절할 수 있는 시장제도의 도입과 시장을 극대화하기 위한 국가간 자유무역의 중요성을 강조하는 반면, 국가의 발전을 저해하는 가장 경계해야 할 위험한 요소로서 "독점과 과점"을 지목하였다.

　독점이란 시장에서의 경쟁의 부재를 의미하며, 과점을 의미하는 카르텔은 몇 개의 공급자가 서로 협의하여 가격을 조정하는 담합행위를 뜻한다. 독점 혹은 과점은 시장가격을 왜곡하여 수요와 공급을 효율적으로 조절할 수 있는 시장 기능을 마비시키고, 시장기능의 마비는 생산활동의 위축을 초래하여 결과적으로 국가의 부가 줄어들게 된다.

　따라서, 국가의 부가 줄어들지 않고 국가 경쟁력이 유지되려면 독점 및 과점적 요소가 발생할 수 있는 영역에 대하여 국가가 개입하거나 직접 관리하는 것이 더 공정할 수 있다고 주장한다. 시장을 통한 시스템이 "보이지 않는 손"이라면, 국가의 개입과 통제는 "보이는 손"의 역할이다. "보이지 않는 손"인 시장제도가 발전하고 유지되기 위해서는, 시장의 질서를 유지하기 위한 규칙을 제정하고 규칙을 위반할 경우 이를 심판하고 징계할 수 있는 관리자의 역할 즉 "보이는 손"의 역할 또한 매우 중요하다.

우리나라는 한국전쟁 이후 현재까지, 교육을 통한 우수인재 양성, 정부의 체계적인 산업정책, 기업들의 왕성한 기술혁신과 자유무역을 통한 시장주의 덕분에 수출주도의 고도성장을 달성할 수 있었다. 그러나, 짧은 기간의 압축적인 발전으로 인하여, 서구 자본주의가 300년 동안 경험한 시행착오를 불과 80년만에 겪는 과정에서 예상치 못한 성장통을 경험하고 있다. 극심한 경쟁, 부의 양극화, 세대간 분리, 젠더 이슈는 물론 최근에는 국가의 미래를 좌우하는 공교육 시스템

마저 흔들리는 상황에 처했다. 분열된 이념을 극복하고, 세대간의 소통이 이루어지고, 변화하는 국제환경 속에서 지속적인 경쟁력을 유지하려면, 산업분야 뿐만 아니라 금융정책을 포함한 모든 분야에서 우리나라의 미래를 잘 이끌어갈 똑똑하고 스마트한 정부의 리더쉽이 무엇보다도 절실히 필요한 때다.

05
국가의 의무는 국민들을 행복한 부자로 만드는 것이다

이스라엘과 팔레스타인 간의 분쟁이 전쟁으로 점화되어 벌서 3주째 접어들었고 사상자만 해도 수천명에 달하고 있다. 이스라엘과 팔레스타인간의 분쟁의 시작은 구약성경에 언급되어 있을 정도로 구약시대까지 거슬러 올라간다.

구약성경 창세기에 의하면, 약 4천년전 믿음의 조상 아브라함은 이라크 남부지역에서 블레셋족이 거주하던 가나안 이라고 불리는 팔레스타인 땅으로 이주하였다. 계속되는 흉년으로 기근을 겪다가 이집트에서 총리가 된 요셉의 도움으로 이집트로 이주하였으나, 결과는 피라미드를 쌓는데 동원되는 약 400년 동안의 지독한 노예생활이었다. 모세와 여호수아의 인도하에 블레셋족(팔레스타인족)이 자리잡고 있던 젖과 꿀이 흐르는 가나안으로 이주하였으나, 다윗과 솔로몬왕을 제외하면 변변한 왕을 배출하지 못한 채 남(이스라엘)과 북(유다)으로 나누어져 시리아, 바빌론, 페르시아등 주변국의 침략에 시달리다가 결국 로마제국 지배하에 최하층 빈민으로 전락하는 신세가 되고 말았다.

이후 오랜기간 유럽 각국에 뿔뿔이 흩어진 살던 유대인들은, 2차대전중 독일에 의해 자행된 유대인 대량학살과 유럽에 전반적으로 팽배한 유대인 학대로 인한 공포로 인하여, 지금의 이스라엘 지역을 돈으로 구매하여 대거 이주한후, 복잡한 과정을 거쳐서 1947년에 UN의 승인하에 비로소 독립적인 국가로 인정받게 되었다. 이 과정에서 이스라엘은 원주민인 팔레스타인 거주자들을 지금의 가자지구와 웨스트뱅크라 불리는 장벽안으로 내몰았고, 이러한 조치는 팔레스타인 해방기구의 결성과 주변 아랍국들의 지원으로 인해 크고 작은 분쟁과 수차례의 중동전쟁이 끊임없이 발생하는 원인이 되었다.

국가를 잃은 설움을 겪던 이스라엘이 옛 지역으로 들어가 나라를 세웠으나, 팔레스타인 주민이 나라를 잃고 서러움을 겪게 되는 상황을 초래하는 아이러니가 되고 말았다. 약소국이 겪는 주변국의 학대와 핍박은, 단지 이스라엘, 팔레스타인 그리고 우크라이나의 문제일 뿐만 아니라 우리나라 또한 지난 5천년동안 수천번에 이르는 크고작은 침략을 당한 바 있다.

한나라, 수나라, 당나라의 계속되는 침입은 물론, 몽고의 침략, 병자호란, 임진왜란, 일제강점기등 외세의 침입을 받을 때마다 등장하는 반성이 부국강병이었다. 부자나라가 되어서 강한 군사력을 키우자는 것이었다. 우리의 선조들이 경제적인 부를 창출하여 국민들이 잘사는 부자 나라가 되는 것이 나라를 지키는 가장 근본적인 개념임을 잘 이해했더라면 우리나라의 과거 역사가 그토록 처참하지는 않았을런지도 모른다.

아담스미스는 국부론을 통하여 국가들이 부자가 되는 경제와 무역의 개념을 소개하였을 뿐만 아니라, 국부론(제5권)에서 국가의 재정, 국가의 수입과 지출 그리고 국가부채에 대하여 무려 300페이지에 걸쳐 자세히 설명하고 있는데, 그 중 국가의 의무를 다음의 세가지로 정의하였다.

첫째, 다른 독립사회의 폭력과 침략으로부터 그 사회를 보호하는 것, 당연히 강한 군사력을 의미한다

둘째, 그 사회의 모든 구성원을 다른 구성원의 불의나 억압으로부터 보호하는 의무로서, 경찰 및 검찰기능의 엄정한 수행과 그리고 사법부의 공정한 재판을 뜻한다.

세번째 의무는 사회의 경제활동을 촉진시키고 교육을 진흥시키는 것이다. 국민을 똑똑하게 만들고, 경제를 활성화하여 부자나라를 만

드는 것을 의미한다.

　국가의 의무는 겉으로 보이는 부국강병과 사법질서만 있는 것이 아니라, 궁극적으로는 교육을 통하여 국민모두가 국내는 물론 국제무대에서 경쟁력을 잘 발휘하고, 그로 인해서 경제적으로 자립기반을 갖춤은 물론 지속적으로 부가 증가할수 있도록 사회전반적인 시스템을 잘 유지할 할 의무가 있는 셈이다. 국민들이 진정으로 바라는 것은 질서가 잘 유지된 안정된 사회에서 가족과 함께 행복한 삶을 살고 싶기 때문이다.

　국력이 약하여 겪는 어려움에 대한 책임은 과거 왕정시대에는 왕의 책임이었다. 그렇다면 왕이 없는 지금은, 국가의 모든 기능의 지도자와 국민 모두에게 그 책임이 있다.

지금 우리라나의 GDP는 세계 10위권이지만, 지금 우리나라는 점점 성장동력을 잃고 정체되고 있다. 지금과 같은 정치적 갈등과 사회적 혼란이 반복되면 국가순위는 점점 더 밀리게 될 것이다.

우리나라가 한강의 기적, 단군이래 최대 호황이라고 불릴 정도로 먹고사는 것에는 문제가 없지만, 지금의 이러한 부가 꾸준히 지속되려면, 국가를 다스리는 정치권의 리더쉽은 물론, 가정과 기업 그리고 교육현장등 사회의 모든 분야에서 존경받는 리더쉽이 절실히 필요하다.

06
K-금융의 콘텐츠가 될 국민자본
(저축과 보험)

　K-pop의 영향으로 한국에 대한 관심이 증가하고, 외국에 나가게 되면 한국인 이라는 이유로 환대를 받는 경험을 자주 하게 된다.

　본격적인 K-pop의 국제화 즉 글로벌 인지도는 보아로 부터 시작하여 동방신기, 슈퍼주니어, 빅뱅, 원더걸스와 소녀시대 같은 인기그룹이 계속하여 등장하였고 최근에는 방탄소년단과 같은 국보급의 아이돌 그룹도 탄생하게 되었다.

　K-pop의 성공비결은 가능성 있는 인재를 발굴하여 스타급으로 육성하는 "탄탄한 기획력과 지속적인 투자"의 결과이며, 이와 같은

K-Pop 경쟁력은 앞으로도 상당기간 유지될 것으로 예상된다.

K-pop의 성공을 벤치마킹 하고자 하는 노력이 다른 분야로 확산되고 있어서, 영화산업, 음식(K-Food), 관광 등에 있어서도 일부 성과를 거두고 있다.

은행, 증권, 보험으로 구성되는 금융부문에서도 글로벌 경쟁력을 확보코자 하는 K-Finance라는 용어가 등장하였다.

금융산업이 K-pop과 같은 성공을 거두려면, 금융분야의 기여로 인해 국내는 물론 해외에서도 인정 받을 수 있는 지속적인 성공모델 즉 콘텐츠 발굴이 필요하다.

나는 가장 한국적인 K-금융의 성공사례를, 한국전쟁 이후 우리나라가 이룩한 경제발전 즉 한강의 기적이 이루어지는 과정에서 금융이 경제발전을 기여한 사례에서 찾을 수 있다고 생각한다.

한국전쟁으로 폐허가 된 우리나라는, 비록 정치적으로는 대립과 분열, 독재와 민주화 등 혼란을 겪었으나, 이런 가운데서도 가난에서 벗어나 부자국민 부자나라가 되고자 하는 간절함이 있었다.

주어진 업무에 있어서는, 민간분야는 물론 이거니와 공공분야에 있어서도 책임감과 사명감을 가지고 성실히 수행하는 것은 지극히 당연한 업무 철학이었다.

교육에 있어서는 자식에게 가난을 물려주지 않겠다는 일념으로, 대부분의 시골의 부모들은 자녀를 인근의 대도시로 유학을 보내는가 하면, 똑똑한 자식의 경우에는 부모는 물론이고 형제들 조차도 교육

비용을 부담하는 희생을 마다치 않고 감수하였다.

산업화에 필요한 자본을 확보하는 과정에 있어서도, 광부와 간호사의 독일 파견, ADB(아시아 개발은행)와 같은 국제기금으로 부터 차관 조달, 일본으로 부터의 배상금, 베트남 전쟁 참여, 중동건설 시장에서 수많은 프로젝트의 수행 등 분야를 가리지 않고 외화를 벌기 위해 치열하게 노력하는 과정에서 민과 관을 가리지 않고 전 국민이 혼연일체가 되었다.

이러한 과정에서 국민들의 정기적금과 정기예금은 은행으로, 교육보험과 다양한 종류의 보험상품에 포함된 저축성 보험은 보험회사로 유입되어 대규모 자본이 필요한 중화학공업, 기계 및 자동차산업, 조선 및 전자공업 분야로 투자되는 국민자본의 역할을 하였으며 이자율 또한 매우 낮게 적용되어 재벌 그룹을 포함하여 우리나라의 기업들이 기술력만 있으면 성공할 수 있다는 성공신화를 이루는 밑거름이 되었다.

가난한 나라에서 개발도상국을 거쳐 선진국 문턱에 이르기 까지 국가와 기업이 필요로 하는 고급 인력과 낮은 이자율로 경쟁력 있는 자본의 공급처는 다름아닌 국민이었다.

국민 개개인의 쌈지돈이 종자돈이 되어 국가의 산업화에 기여하였을 뿐만 아니라, 욕심으로 인해 무분별하게 외국자본을 도입한 금융기관과 기업들의 부실로 인해 야기된 IMF금융위기가 발생하였을 때에도 이를 해결한 것은 금모으기 운동을 버려 외화 부채를 해결한 국민들 이었다.

과거 외국으로부터 침략을 받았을 때, 의병을 봉기하고 독립군을 결성하여 결국에는 나라를 지켜낸 경험이, 환란으로 불리는 현대의 금융위기 에서도 고스란히 적용된 셈이다.

한 국가의 경제발전은 지속적인 자본의 공급, 끊임없는 기술력의 향상 그리고 국제시장에서 품질과 가격경쟁력을 통해서 그 지속성이 유지될 수 있다.

1960년대 이후, 저렴한 이자율로 산업자본을 제공할 수 있는 과정이 없었다면, 섬유나 식품산업과 소규모 자본의 소비재 산업은 가능하였을지 모르나, 산업화를 이루기 위해 필요한 대규모 자본 조달에 대한 어려움으로 인하여 스리랑카나 필리핀과 같은 국가 상태에 머물렀을 가능성이 높다. 당시의 스리랑카나 필리핀의 인당 국민소득이 우리나라 보다 훨씬 높았기 때문이다.

우리나라가 저축과 보험으로 형성된 국민자본을 산업자본으로 전환하여 가난에서 벗어나 자급자족을 넘어서 OECD회원국이 된 경험 사례를 개발도상국에 전수한다면, 이는 국제적으로 인정받고 존경받는 K-금융이 될 수 있을 것이다.

07
국가를 발전시키는 자본의 역할과 중립금리에 대하여

815 해방이후, 남한의 GDP가 1.8조 달러인 반면 북한은 200억 달러로 약 100배의 차이가 난다. 1인당 GDP는 남한이 약 35,000달러이나 북한은 1,000불 정도로 약 35배이다.

남한 경제가 지속적으로 발전한데 비하여, 북한 경제는 제대로 성장하지 못하고 멈춰버린 가장 근본적인 이유는 자본의 역할과 자본축적에서 크게 차이가 나기 때문이다. 국가가 발전하고 국민의 삶이 향상되기 위해서는 축적된 자본으로 인한 혜택이 가정과 기업으로 잘 전달되어져야 한다. 그러나, 자본축적이 지속적인 국가발전의 핵

심요소임에도 불구하고, 이로 인해 발생하는 문제점 또한 매우 심각하다.

19세기 독일의 철학자이면서 경제학자이자 사회주의 사상가인 칼 마르크스(Karl Marx, 1818-1883)는 자본주의가 발전하면 자본이 점점 소수의 자본가에게로 집중되고, 이로 인한 계층간 갈등이 점점 확대되어 결국 국가체제는 붕괴될 수 밖에 없다고 주장하였다. 자본주의의 위험에 빠지지 않고자 도입된 사회주의 이념 덕분에, 소련(소비에트 연방)을 포함하여 중국, 북한과 같은 많은 사회주의 국가들이 등장하게 되었다.

또한, "21세기 자본"(Capital in the Twenty-First Century, 2013년)의 저자인 프랑스의 토마 피케티(Thomas Piketty, 1971~)는 한 나라의 자본수익율(r, 금융투자수익율)이 경제성장율(g)보다 높게 되면 자본축적이 사회의 불평등을 심화시킨다고 주장하였다. 그는 18세기 이후 여러나라의 데이터를 분석하여, 부와 소득의 분배가 제대로 작동하는지 연구한 결과를 통해, 사회적 불평등 산업혁명 이후 일시적으로 감소하다가 현대사회로 오면서 거의 모든 나라에서 발생하고 있음을 보여주었다.

자본축적이 궁극적으로 초래하게 될 빈부격차의 확대라는 문제점에도 불구하고 국가발전을 위한 자본의 역할이 무시하면 안되는 이유는, 80년 동안의 남한과 북한의 차이에서 잘 알수 있다.

따라서, 자본을 활용한 산업화와 같은 자본주의의 장점은 살리고, 자본주의의 해악적인 요소를 잘 관리할 필요가 있다.

자본이 축적되는 과정에서 생길 수 있는 부정적인 문제를 방지하기 위한 방안으로서, 경제학자들이 정립한개념의 하나가 "중립이자율(Neutral Interest Rate)" 이다. "중립 이자율"(혹은 중립금리, neutral interest rate)란 경제가 완전 고용 상태에 있음에도 불구하고 물가상승 압력이 없는 상태에서의 이자율을 의미한다.

스웨덴 경제학자인 크누트 윅셀(Knut Wicksell)이 1898년 그의 저서 "이자와 가격(Interest and Prices)"에서 경제 활동을 자극하거나 억제하지 않는 이자율을 자연이자율 혹은 중립 이자율이라고 부르고, 통화정책의 기준이 되어야 한다고 주장하였고, 그 이후 많은 나라에서, 중앙은행의 통화정책을 관리함에 있어서 매우 중요한 지표로 사용되고 있다. 경제가 과열되거나 저조하지 않은 평형 상태에 있는 이자율을 나타내기 때문이다.

우리나라의 기준금리는 1980년대 이후 경제 상황과 중앙은행의 정책 변화에 따라 크게 변동해 왔다. 1980년대의 한국은행의 기준금리는 10~20% 수준이었다.

1990년대 초반 10% 내외로 유지되던 기준금리는 1997년 IMF금융위기를 맞아서 30% 수준까지 급등하였다가 다시 낮아져, 2000년대 초반에는 4~5% 수준을 유지하다가, 2008년 글로벌 금융위기로 인한 국제적인 경기 부양으로 인해 계속해서 낮아져, 국제적인 저성장과 저물가 시대가 지속되면서 2% 이하가 유지되었다. 급기야, 2020년 코로나 팬데믹으로 인해 경제가 침체되면서 한국은행은 기준금리를 0.5%까지 낮춘 이후, 경제 회복과 인플레이션 억제를 위해 2023년에는 3.5%까지 상승하였다. 약 40년동안 20%에서 0.5% 까지 무려 40배의 변동폭을 보인셈인데, 이는 우리나라가 단기간에 산업화를 이루고 성숙시장으로 진입하는 과정에서 경험하게되는 불가피한 상황으로 보인다.

그러나, 지금부터는 기준금리를 관리함에 있어서 자영업자를 포함한 기업들이 금융시장으로부터 안정적으로 자금을 조달하는 지나친 금리 변동으로 인한 불안감이 발생하지 않아야 한다. 그러기 위해서는 환율이나 단기 투자자금 이탈과 같은 대외적인 여건 못지않게, 우리나라의 경제상황에 가장 잘 맞는 중립금리 수준이 어느 정도인지를 잘 파악하고 시장금리가 중립금리와 크게 괴리되지 않는 통화정책을 실시하는 것이 필요하다.

08
기준금리 인상이 우리사회에 미치는 영향

최근 "영끌"이란 표현이 자주 사용되고 있다. "영혼까지 끌어모은다"는 의미로 최대한 대출을 많이받아서 부동산이나 주식에 투자하고 있는 현세태를 의미한다.

최근 수년간 지속된 저금리 환경과 치솟는 아파트 가격인상은 어딘가 투자하지 않으면 우리사회에서 도태되는 듯한 불안감을 조성하기에 충분했던 것 같다. 게다가 가까운 직장동료의 가상화폐 투자 대박스토리는 우리 마음을 더 조급하게 만들었다. 특히 내집마련에 대한 불안과 초조함으로 인해서 "영끌"로 대출하여 아파트를 구매한

사람들이 많이 있다.

그러나, 급작스럽게 불어닥친 기준금리 인상으로 인한 지속적인 대출이자율 상승과, 예기치 않은 아파트 가격 급락으로 인해, 영끌로 마련한 아파트를 경매처분 해야하는 상황이 속속 발생하고 있다. "대출이자율"이 가파르게 상승한 원인은 "기준금리"를 초고속으로 인상시킨 결과이다.

우리나라의 "기준금리"는 중앙은행인 한국은행이 시중은행에 빌려주는 이자율을 의미한다. 우리나라의 모든 금리(혹은 이자율)의 출발점이며, 한국은행의 금융통화위원회(이하 금통위)에서 년간 8번의 회의를 통해 기준금리를 결정된다.

"시장금리"란 은행이 중앙은행인 한국은행으로 부터 조달한 자금을, 개인이나 기업에게 빌려줄 때 적용하는 "시장이자율"을 의미한다. 은행이 빌린 이자율(기준금리)에 일정한 마진(가산금리)을 더하여 결정하는 대출이자율이다. 따라서, 기준금리가 인상되면 시장금리 즉 대출이자율은 자동으로 상승한다.

한국은행의 기준금리 결정은 시중 자금의 원가가 새롭게 결정되는 과정인 셈이다. 금통위는 지난 1월13일 기준금리를 0.25% 인상한 3.5%로 결정하였다. 결정하였다. 2022년 1월의 기준금리가 1.0% 였으니, 1년동안 3.5배로 인상된 셈이다.

주요소의 기름값은 국제 원유가격에 의해 결정되고, 정육점 고깃값은 시장의 수요와 공급에 따라 결정되는 반면, 기준금리는 한국은행의 금통위가 결정한다. 금리인상을 주유소 기름값과 정육점 고깃값과 비교하면, 휘발유 비용이 리터당 1,500원 정도 하는 기름값이 약 5,000원으로 올랐음을 의미하고, 정육점 고깃값이 3.5배로 치솟았다는 의미이다. 주유소 기름값이 오르면 대중교통을 이용하면 되고, 고깃값이 오르면 사먹지 않으면 된다. 그렇지만 금리인상에 수반되는 가계나 기업이 감당해야할 금융비용 부담에는 대안이 없다.

가계나 기업은 아무리 이자가 높아도 조달해야 할 운영자금과 갚아야 할 부채가 있다. 운영자금을 적기에 적절한 비용으로 조달하지 못하면 기업경쟁력은 약해질수 밖에 없고, 조달한 부채를 만기에 갚지 못할 경우 담보물인 자산(아파트 혹은 공장설비)은 헐값에 강제로 매각될 것이다. 개인이건 기업이건 간에 파산의 위험에 직면하게 된다.

기준금리의 가파른 인상으로 인해 우리사회의 모든 영역에서 금융비용이 상승하였다. 가계의 경우 주택담보대출이나 신용대출 이자율이 상승하였고, 기업경영에 필요한 회사채는 비용은 차치하고 발행 자체가 어려운 상황이다. 국가가 발행하는 국채발행 이자율 또한 상승하였다. 국채가 국민의 세금으로 갚아야 할 부채임을 고려하면, 국민의 입장에서는 개별 부채의 어려움에 더하여 미래에 갚아야 할 공동의 부채 부담도 증가한 셈이다.

한국은행은 기준금리를 결정하는 과정에서, 계량적 경제모형을 활용한 경기분석과 경제전망을 통해 가장 합리적인 수준으로 금리를 정하고 있다. 그럼에도 불구하고, 기준금리 수준을 결정함에 있어서, 금융시스템의 안정적인 관리와 함께 기준금리 인상으로 인해 겪게 되는 가계와 기업의 어려움을 최소화할 수 있는 가장 합리적인 인상 규모와 속도가 필요해 보인다.

09

싱가포르의 공공주택 정책과 성공적인 가계대출 관리

2024년 7월 기준으로 부동산 임의경매 신청 건수는 1만 4천 건을 넘어섰으며, 이는 주로 청년층 '영끌족'이 대출금을 상환하지 못해 발생한 결과이다. 현재 대한민국의 가계부채 규모는 약 1,900조 원으로, 이는 우리나라의 실질 GDP(약2,200조)의 약 90%에 해당하는 높은 비율이다.

특히, 평균 가계대출 금리가 5%를 초과하고 있어서, 국민들이 지급하는 년간 이자 비용만도 100조 원이 넘는 상황이다. 국민들이 이자 비용을 감당하기 어려워 가계부채는 매년 100조원 이상 증가될

전망이라 향후 3년 이내 우리나라의 가계부채는 국민총생산(GDP)을 넘어설 것으로 전망된다.

한국의 가계대출 문제가 점점 심각해진 배경에는 저축률의 상대적 감소와 부채 증가로 인해서 이다. 1980년대에는 GDP 대비 저축률이 36%(보험침투율2% 포함), 가계부채 비율이 17%로 우리나라 국민들의 자산 증가율이 부채 증가율의 2배정도 였다. 그러나, 그 이후 50년간 저축률은 36%에서 45%(보험침투율11% 포함) 정도로 소폭 상승한 반면 가계부채 비율은 GDP의 17%에서 90%로 5배이상 증가하였다.

특히 2000년 한해동안만 부채비율이 42%에서 64%로 1.5배 증가하였는데, 이는 외환위기 이후 한국은행의 금리 인하와 함께 금융기관의 대출 경쟁이 심화되면서 대출 심사 기준이 완화되었고, 다양한 대출 상품들이 출시되면서 가계대출이 급증했기 때문이다.

가계부채를 억제하려는 역대 정부들의 끊임없는 시도에도 불구하고, 고삐 풀린 망아지 처럼 가계대출을 제대로 통제하기 어려운 상황을 보면 현재의 부동산 정책인 대출금 비율(LTV)과 총부채상환비율(TDSR) 규제를 통해 부채 증가를 억제하는 것은 그다지 효과적이지 않은 것 같다.

반면, 싱가포르는 가계대출 관리에 있어 모범적인 사례로 평가된다. 2023년 기준, 싱가포르의 가계부채는 GDP 대비 약 61%로 안정

적 수준을 유지하고 있다. 평균 대출 금리도 3.5%로 비교적 낮다.

싱가포르도 우리와 마찬가지로 대출자의 상환 능력을 철저히 평가하며, 대출금 비율(LTV)과 총부채상환비율(TDSR) 규제를 통해 부채 증가를 억제한다. 특히 주택 담보 대출의 경우 소득과 기존 부채 상황을 고려해 무리한 대출을 방지하기 위한 노력을 한다. 그러나 싱가포르가 가계대출 규모를 증가시키지 않고 잘 관리할 수 있는 성공 요인은 주택정책에 있어 보인다.

우리나라의 LH에 해당하는 싱가포르의 HDB(Housing Development Board)의 공공주택 제도는 성인이 되는 싱가폴 국민들에게 저렴한 가격에 주택을 소유할 수 있도록 지원한다. 1960년데에 도입된 이후 일관성 있는 공공주택 정책과 금융지원으로 인해 싱가폴의 1인당 GDP가 약 8만불로 우리나라의 2배가 넘음에도 불구하고 국민의 80% 이상이 공공주택인 HDB주택에서 살고 있다.

민간 주택의 경우에도 대출 상환 능력을 엄정히 평가하고, 다주택 구매 시에는 20~30%의 추가적인 세금을 부과하고 외국인의 구매에는 60% 정도의 세금을 부과함으로써 거주를 목적으로 한 주택인 과다한 투자나 투기의 대상이 되지 않도록 관리하고 있다. 이러한 정책 덕분에 싱가포르의 1인당 GDP가 8만불을 초과하고 있음에도 불구하고, 가계대출 위험은 매우 낮은 수준을 유지하고 있다.

의식주에 대한 권리는 인간이 존엄한 삶을 영위하기 위해 필요한 기본적인 권리로서 유엔이 제정한 세계 인권 선언(Universal Declaration of Human Rights)에 명시되어 있다. 의식주 기본권은 인간의 존엄성과 직접적으로 연결되어 있으며, 이를 보장받지 못하면 인간의 기본적인 삶의 질이 훼손된다. 특히, 주거에 대한 권리는 인간이 안전하고 적절한 주거 환경에서 살 수 있는 권리이다. 이는 단순히 집을 소유하는 것을 넘어, 건강과 안전, 사생활이 보장되는 적절한 생활 환경을 제공받는 것을 의미한다.

우리나라가 낮은 출산율로 인해 국가의 미래를 걱정하고 있음에도 불구하고, 우리는 낮은 결혼율과 출산율을 당연시 여기는 풍조가 확산되고 있다. 그러나, 영끌을 해서라도 집을 사려는 청년세대의 불안은 주거권에 대한 염려에서 출발한다. 주택문제가 해결된다면, 결혼을 미루고 출산을 염려하는 젊은이들의 미래에 대한 불안이 다소나마 해결될 수 있을런지도 모른다.

우리나라의 복잡한 가계대출 문제를 해결하기 위해서는 주거권을 확보하기 위한 젊은 세대의 처절한 몸부림인 "영끌"과, 부동산 투자를 통해 지속적으로 재산을 증식코자 하는 기성세대의 시도를 분리해서 관리할 수 있어야 한다. 무엇보다도 다음세대를 위해서 기성세대가 할 수 있는 것이라면 무엇이던지, 실패를 두려워하지 말고 최선을 다해 끊임없이 시도해 보아야 한다.

10

대한민국호의 감항능력을 점검하여야 한다
(號)

감항능력(堪航能力, Seaworthiness)은 해상보험과 해상법의 영역에서 매우 중요한 개념이다.

운항선박이 선원, 화물 또는 해양환경에 과도한 위험을 초래하지 않으면서 목적하는 항해를 수행하는 데 적합하다고 판단될 때 감항능력이 있다고 한다. 해상법상 감항능력의 개념은 선박의 구조적 완전성, 장비 및 선원의 능력, 항해목적의 적합성 등 선박의 상태에 관한 다양한 측면을 포함하며, 감항능력이 있는 선박은 안전장치와 항해장비를 충분히 갖추고 안전하게 목적한 여정을 마칠 수 있도록 유지되어야 한다. 선박이 필요한 모든 장비를 갖추고 있다고 하더라도, 선원들이 운항에 필요한 기술이 부족하거나 선박이 규제 요건을 충족하지 못할 경우는 여전히 보험 및 법률적 관점에서 감항능력이 위험하다고 간주되어 사고 발생시 보상이 제한될 수 있다.

감항능력이 결여된 선박에서 사고가 발생시, 선박소유자와 운항자는 물론 승객이나 화주에게도 심각한 결과를 초래하게 된다. 따라서, 해상보험에 있어서 감항능력을 확보하고 유지하는 것은 보험계약의 효력을 유지하기 위한 가장 근본적인 신뢰유지 의무라고 할 수 있다. 그러므로, 선박의 소유주 뿐만 아니라, 선장과 선원, 운항절차와 관련된 모든 사람들은 선박의 종합적인 안전운항을 위하여 최선을 다하여야 한다.

감항능력을 위반하여 선박이 침몰하거나 기름이 유출되어 주변지역에 환경이 파괴되는 사례들이 드물지 않게 발생하였다. 1989년 알래스카에서 유조선이 좌초되어 약 1,100만 갤런의 원유를 청정해역으로 방출하였다. 유출사고 조사 결과, 항해 장비의 결함 뿐만 아니라, 선원의 피로로 인한 안전 규약 위반등이 밝혀지면서, 심각하게 감항능력을 위반한 것으로 확인되었다.

2010년 멕시코 만에서는 석유 굴착장치 폭발로 인해 수백만 배럴의 석유가 걸프 만으로 방출되었다. 조사 결과 장비의 안전 시스템과 유지 보수 관행에 결함이 있는 것으로 밝혀져 해상 시추 작업의 감항능력에 문제가 있음이 밝혀졌다.

우리나라에서는 2014년 4월 16일에 여객선 세월호가 전복되는 사고가 발생하여, 304명이 목숨을 잃었다. 사고조사 결과, 불법적인 선박개조, 안전규정 위반, 승무원 교육 미흡, 비상대응 프로토콜 미비 등 다양한 감항능력 미비점이 발견되어 선박에 대한 보상이 거절되었다.

보험산업의 재난회복 기능 즉 레질리언스(Resilience)기능은, 사고가 발생하면 보상하는 것이 지극히 당연한 원칙임에도 불구하고, 해상보험에 있어서는 감항능력 확보 및 유지와 같은 기본적인 사항이 충족되지 않으면 철저하게 보상을 거부한다. 이는 보험금을 절감하기 위해서가 아니라, 가장 기본적인 원칙이 무시된 사고에 대하여 계속하여 보상한다면 해운산업 전체가 점점 더 기본을 망각하거나 무시하는 도덕적 해이에 빠질 위험이 있고, 문제점 개선을 게을리 함으로 인하여 결과적으로는 해운산업의 발전을 저해하게 되기 때문이다. 이러한, 감항능력 문제는 단지 선박에만 그치는 것이 아니라, 대한민국호라는 거대한 배에 대해서도 동일하게 적용될 필요가 있다. 미래에 대한 희망이 사라지고, 사회적으로 불안과 염려가 확대되고 있기 때문이다.

특히, 이러한 불안감은 젊은 세대들이 겪고 있는 취업난과 고용에 대한 불안감으로 인하여, 결혼 및 출산, 육아 와 교육 등 사회 전분야에 대한 문제점으로 확대되고 있다. 그동안 보험산업이 대한민국의 성장에 따른 과실을 누려왔던 만큼, 이제는 보험산업이 대한민국호의 감항능력을 회복하는데 기여하여야 한다.

　전 세계적으로 기업의 지속가능경영을 위한 ESG프로젝트가 활발히 진행되고 있고, 우리나라 기업도 동참하게 되었다. 나는, 보험회사의 ESG프로젝트에 있어서는, 특히 사회적기능을 회복하기 위한 Social 의 영역에 더욱 더 집중하기를 제안한다. 사회(Social)분야는 우리나라가 구조적으로 악화되고 있는 결혼 및 출산, 교육과 고용확대 등 우리의 다음세대가 겪고 있는 어려움의 영역이기 때문이다. 특히, 기업이 경쟁력을 유지하고 성장해야만 지속적으로 고용을 확대할 수 있다.

　젊은 세대들이 미래에 대한 염려없이, 자신감을 가지고 사회생활을 할 수 있도록 미래에 대한 희망만들기 프로젝트를 우리 보험사들이 주도할 수 있다. 보험산업이 대한민국 미래를 향한 희망만들기 프로젝트의 마중물 역할을 함으로써, 보험업계 종사자들이 더욱더 자부심을 갖고 일할 수 있기를 기대해 본다.

11
ESG경영과 기업의 사회적책임

지난 4월21일 일본 동경에서 한국보험신문, 일본보험매일, 중국은행보험보가 공동으로 주관한 16회 아시아보험포럼에 토론패널로 참석하였다.

지구 온난화와 기후변화로 인한 문제점과, 이를 해결코자 하는 보험사들의 노력, 금융당국 입장에서 취하게 필요자본 및 건전성 규제에 대한 검토 그리고 이와 연계된 ESG활동의 중요성 등이 세미나의 주요 내용이었다.

통역을 통해 메시지를 전달하는 다소 집중력이 분산될 수도 있는 포럼 이었음에도 불구하고, 참여자들의 표정과 몸짓에서 오프라인 세미나 자체를 소중하게 생각하는 마음을 볼 수 있었다.

지구온난화 문제를 해결하기 위한 공동노력은 가장 뜨거운 글로벌 이슈일 뿐만 아니라, 우리나라에서도 ESG경영이 매우 중요한 화두가 되었다. 심지어 지난 대통령 선거때에도 일부 후보자들은 이 문제와 관련된 이슈를 제기하면서 국민들의 관심이 제고된 경험이 있다.

1980년 이후 UN에서는 다양한 보고서를 통하여 "지속가능개발목표"(Sustainable Development Goals)를 구현하기 위하여 ESG 분야별로 문제점을 정의하고, 전세계적 참여를 이끌고자 하는 노력을 시작하였다.

ESG는 Environmental(환경), Social(사회), (Corporate) Governance(기업지배구조)를 의미한다.

E (Environment)는 인류의 삶에 지대한 영향을 주는 지구환경에 대한 이슈이다. 우리가 달이나 목성의 온난화와 기후변화를 염려하지 않는 이유는 우리의 삶과 무관하기 때문일 것이다.

S (Society)는 더불어 함께 살아가는 사회적 환경에 대한 이슈이다. 인간은 태어나서 죽을 때까지 사회를 떠나서는 살수 없는 사회적 동물이므로, 가족과 직장, 지역공동체는 물론 국가라는 건강하고 안전한 울타리 안에서 안전하고도 행복하게 살수 있는 행복추구권이 잘 보장되도록 건강한 사회적 환경을 조성해야 한다.

G (Corporate Governance)는 기업의 지속가능경영을 위한 지배구조에 대한 이슈이다.

　기업의 존재 목적은 시장에서 경쟁력을 확보하여 지속적으로 이윤을 창출하는 것으로 인식되고 있다. UN에서 기업의 사회적 책임에 따른 역할을 요구하면서, 미국에서는 기업경영에 사회적, 윤리적 요소를 고려하며 경영하는 것이 과연 기업경쟁력과 이윤창출에 도움이 되는 것인가에 대한 뜨거운 공방이 20년 이상 지속되었다.

　그러나, 승승장구하던 기업들이 반사회적 혹은 반윤리적 행위가 있었음이 밝혀졌을 때, 소비자와 사회로부터 외면당하고 결국에는 파산하게 되는 상황이 드물지 않게 발생하면서, 기업의 지속가능한 생존을 위해서는 이윤추구를 넘어서는 거버넌스 체계가 중요함이 확인되었다.

　기업의 지배구조(Corporate Governance)는 경영통제 시스템을 의미하며, 투명한 의사결정, 부정부패 방지, 이사회 구성원의 다양성 추구, 임원과 직원의 보상체계의 형평성 등 매우 다양한 요소와 관련이 있다.

한편, 기업의 사회적 역할에서 간과하면 안될 또다른 중요한 요소는 사회공헌기금을 제공하는 재무적 후원자로서의 역할일 것이다.

자본주의 사회에서 기업은 국가재정의 대부분을 담당하는 매우 중요한 경제 주체이다. 기업 스스로가 납세자일 뿐만 아니라, 고용을 통하여 가계 구성원들이 소득세를 납부할 수 있게 함은 물론, 나아가 직원과 가족이 사회적 역할을 잘 감당하고 자아를 실현할 수 있는 안전한 울타리를 제공하고 있다.

국가에 세금을 납부할 기업이 줄어들면 국가의 재정은 점점 감소하고, 국가의 미래 경쟁력은 필연적으로 약해질 수 밖에 없을 뿐만 아니라, 청년실업과 같은 추가적인 사회적 문제가 야기될수 밖에 없기 때문이다.

개별 기업의 생존경쟁력과 지속적인 고용창출 능력이야말로, 다름아닌 국가 경쟁력이며 GDP성장의 원동력 이라 하여도 과언이 아니다.

한편, 보험회사의 지속가능경영은 일반 기업의 그것과는 다른 중요한 의미가 있다.

보험회사는 재난에 빠진 고객을 최대한 빨리 정상적인 상태로 회복시키는 역할(Recovery 혹은 Resilience)을 잘 감당할 수 있어야 한다.

보험산업이 존재하는 목적이기 때문이다.

지구 온난화로 인한 자연재해가 발생하는 변동성과 규모가 점점 더 증가하고 있으므로, 보험회사에게 요구되는 재난 극복의 사회적 역할과 책임은 점점 더 중요한 요소가 될 것이다.

무엇보다도, 지속가능사회를 만들기 위하여, 학계와 기업, 정부와 사회단체가 서로 협력하고 지원하여야 한다.

학계와 연구기관은 자연환경 뿐만 아니라 사회적 환경의 취약성과 해결방안을 체계적으로 잘 분석하고, 기업은 이에 필요한 기금을 아낌없이 지원하는 산학 협조관계가 잘 조성되어야 한다.

정부는 이에 필요한 제도적 지원방안을, 사회단체는 전 국민이 자발적으로 참여할 수 있도록 범사회적인 운동을 유도하여야 한다.

ESG분야의 모든 이해당사자가 그 역할을 잘 감당한다면, 코로나 위기를 선제적으로 극복하면서 우리나라 의료 및 방역분야의 위상이 국제적으로 인정 받은 것처럼, ESG이슈 또한 우리만의 방법으로 매우 효과적으로 잘 해결할수 있는 솔루션이 도출될 수 있기를 기대해 본다.

12

청년들을 **암호화폐**의 **투기유혹에서 보호**하여야 한다

  2년전 2022년 5월 미국 암호화폐(가상화폐) 시가총액 5위로서 개당 10만원에 달하던 메이저 코인 루나(Luna)가 원인을 알 수 없는 이유로 인해 가격이 폭락하는 사태가 발생하였다. 루나의 가치폭락으로 많은 투자자들이 적게는 수천만원에서 많게는 수백억씩 손실을 보는 사태가 발생하여 총 손실규모는 약 50조원에 달하였다.

  암호화폐 루나를 개발한 권도형은 91년생으로 당시 만 30세를 갓 넘긴 한국청년이다. 그는 누구나 부러워할만한 엘리트 코스를 거쳤다. 강남에서 초등학교와 중학교를 졸업하고, 우수한 외고를 거쳐 미국 명문대에서 컴퓨터 공학을 전공한 후, 애플과 마이크로소프트에서 근무한 적이 있는 그야말로 초일류 인재였다. 엄친아 이던 그가 투자자 들에게 막대한 손실을 끼친 범죄자로 전락하고 말았다.

코인 가치를 일반 통화가치와 연동시켜 가격을 고정하는 것을, 못을 박는 행위에 비유해 페깅(Pegging)이라고 하는데, 그가 개발한 암호화폐 테라와 루나는 페깅을 적용하여 가격변동성을 제어할수 있는 알고리즘인 Stable coin 으로 개발되었다.

기축 통화인 미국 달러 가격에 페깅되어 있어서, 테라 가격이 1달러 아래로 일시적으로 내려가더라도, 루나로 보상받게 되어 가격이 다시 1달러에 자동으로 수렴되도록 설계되어 있었으나, 어떤 이유에서 인지 이 알고리즘이 전혀 작동되지 않아서 1주일만에 테라와 루나의 가격이 99% 폭락하고 말았다.

루나사태에도 불구하고, 우리나라의 암호화폐 투자는 계속 증가하여 급기야 미국을 앞질러 세계 1위를 기록하고 있다. 미국 경제전문 채널인 블룸버그 통신에 의하면, 올해 1분기 암호화폐 거래소에서 원화표시의 거래가 4600억 달러(약 600조원)에 달해 미국을 제치고 1위를 차지하였다.

암호화폐의 폐쇄적이면서도 가치측정이 어려운 위험성에도 불구하고, 대학생과 군인 그리고 직장생활을 하는 많은 청년들이 투자가 아닌 투기에 쉽게 빠져드는 것은 청년들이 가지는 순수함과 무모함 때문일 것이다.

아리스토 텔레스는 수사학 (Rhetoric)에서 청년기의 특징을 다음과 같이 설명하고 있다. 청년들은 열정(Passion)이 매우 강하며 무분별할 정도로 그러한 열정을 달성하려고 노력한다. 그러한 열정에는 성적인 욕구도 포함되며 그것을 자제할 힘이 없다는 특징이 있다. 격정적이고 분노에 따라 행동하기 쉬우며, 자존심이 강해 무시당하는 것을 참지 못한다. 청년은 자존심이 강하지만 승부욕은 더 강하다. 남보다 돋보이려는 욕구가 있는데 이긴다는 것은 남보다 뛰어남을 인정받는 것이기 때문이다.

청년은 돈을 사랑하는 마음보다 자존심과 승부욕이 더 강하다. 돈을 덜 사랑하는 이유는 돈이 없어 궁핍한 것을 아직 제대로 경험해보지 않았기 때문이다. 청년이 만약 다른 사람에게 나쁜짓을 저지른다면, 대체로 해악을 끼치는 것이 목적이 아니라 다른 사람에게 모욕감을 주어 자기의 우월감을 확인하고자 함이다. 청년은 모든 사람이 정직하고 선량하다고 생각하기 때문에 선의를 가지고 자신의 이웃을 판단한다. 청년은 웃는 것을 좋아하기 때문에 기지와 재치를 좋아한다. 기지와 재치는 우월감을 세련되게 표현하는 것이기 때문이다.

반대로 인생의 전성기가 지난 노인은 대체로 청년들과 반대되는 특징을 가진다. 노인은 이런저런 굴욕을 겪으며 살아왔기 때문에, 포부가 없고 무슨 일을 하기도 전에 겁부터 낸다. 노인은 지나치다 싶을 정도로 이기적이고 수치심을 잘 느끼지 않는다. 노인은 화를 잘 내지만 강도가 약하고 열정(Passion)도 약하다. 노인은 트집잡고 불평하는 것을 좋아하고, 재치있게 말하거나 농담하는 것을 즐기지 않는다.

우리나라의 미래가 지금보다 더 역동적이고 활기찬 나라가 되려면, 청년기의 특징을 잘 이해하고 장점은 최대한 살리되 약점에 대해서는 잘 이해하고 용납하는 마음을 가져야 한다. 청년들의 열정(Passion)이야말로 우리나라가 선진국 문턱에서 좌절하지 않고, 성장이 정체된 유럽의 여러 선진국과는 다른 길을 갈 수 있는 에너지이기 때문이다. 취업에 대한 어려움과 높은 주택가격으로 청년들이 정상적인 사회 구성원으로 진입을 포기한채 다단계나 암호화폐 투자와 같이 일확천금을 노리는 유혹에 빠져 아까운 시간을 낭비하거나, 투자실패로 인한 좌절로 인해 미래를 포기하는 상황이 초래되어서는 절대 안된다.

보험산업이 앞장서서 청년들의 특징을 잘 이해하고, 청년들에게 밝은 희망과 미래에 대한 꿈을 꿀수 있도록 청년들을 이러한 위험으로부터 잘 보호할 수 있는 다양한 프로젝트를 준비할 필요가 있다. 대한민국의 미래를 책임질 주역은 기성세대가 아닌, 아직은 미숙한 우리의 청년들이기 때문이다.

13
창의력은 국가를 지속적으로 발전시키는 원동력이다

싱가폴의 랜드마크인 마리나베이샌즈에서 4일동안 (10/30~11/2) 개최된 SIRC(싱가폴국제재보험 컨퍼런스)에 참여하였다. 50만원 정도의 적지 않은 참가비에도 불구하고 3,000명 이상이 등록하여 매우 성황리에 개최된 행사였다. 아시아는 물론, 유럽과 미주, 아프리카 지역의 수많은 보험사, 중개사, 재보험사들이 참여하였고, 일부 회사는 각자의 홍보부스와 면담장을 마련하여 상호간에 진행되고 있는 계약에 대하여 협의함과 동시에 새로운 비즈니스 기회를 물색할 수 있는 만남의 장이었다. 한국에서도 코리안리를 포함한 많은 회사에서 참석하여 싱가폴에 근무중이 현지 한국인을 합치면적어도 백명 이상의 한국인 보험관계자들이 참석하였다.

MBS(마리나베이샌즈)는 센토사 리조트와 더불어 싱가폴이 자랑하는 대표적인 랜드마크적인 관광지이다. 센토사가 관광지와 골프장으로만 유명한 반면, MBS는 여러가지를 경험할수 있는 복합리조트 시설로서, 싱가폴 여행객 이라면 반드시 가 보아야 할 필수적인 장소가 되었다.

2011년에 개장된 MBS는 2,600개의 객실을 갖춘 55층 호텔 3개동과 대규모 컨벤션 센터, 쇼핑몰, 박물관, 극장, 레스토랑, 예술 과학 전시관 그리고 세계최대 규모의 카지노가 있으며, 3개의 호텔 상부를 연결하는 340미터의 스카이파크와 150미터의 수영장이 호텔 꼭대기에 자리잡고 있어서, 낮에는 물론 밤이 되면 싱가폴 야경을 즐길 수 있는 명소가 되었다.

Moshe Safdie라는 건축가와, Parsons Brinckerhoff 와 Arup이 엔지니어링을 담당하였고, 시공은 우리나라의 쌍용건설이 수행하였다.

MBS는세계적 카지노 자본인 LVS(라스베가스샌즈)가 싱가폴 당국과 협의하여 만든 프로젝트로서, 싱가포르 국내총생산(GDP)을 약 1% 개선시켰을 뿐만 아니라, 1만명 이상의 직접 고용과 2만개 이상의 간접적인 일자리를 창출한 매우 성공적으로 민과 관이 협조하여 성공시

킨 모범적인 사례이다. 그러나, MBS와 같은 개발 프로젝트가 금융위기 상황의 어려움속에서도 성공을 이룬 것은 그저 운좋게 만들어진 것이 아니다.

싱가폴은 80년대부터 선제적인 컨테이너 터미널 프로젝트를 통해 명실상부한 국제무역의 중심지로 입지를 확고히 하였고, 대규모 매립을 공항부지를 조성하여 공항을 건설함으로써, 창이공항을 국제항공운송의 Hub로 자리잡았으며, 조밀한 MRT(지하철)건설과 도시고속도로등 수많은 인프라 시설과 호텔과 쇼핑몰과 같은 상업시설은 물론 대규모 리조트 건설과 관광자원을 통해, 싱가폴은 모든 면에서 경쟁력을 갖춘 명품도시로 만들었다.

또한 금융분야에서도 다양한 정책을 통해 금융의 무게를 홍콩에서 싱가폴로 전환시키는 데에도 성공한 것으로 평가되고 있다. 싱가폴은 인구 6백만명의 작은 도시국가 임에도 불구하고 GDP규모는 우리나라의 1/3정도로 세계 30위권이며, 구매력을 포함한 인당 GDP는 13만불로서 우리나라의 약2.5배이다. 경제 성장율 또한 2021년 7.6%, 2022년 3.0%로서 코로나 시기에도 무난한 성장율을 유지하고 있다. 이러한 싱가폴의 지속적인 성장비결은 좁은 국토와 열대기후라는 제한적인 상황과 환경에 굴하지 않고, 매우 창의적인 방법의 개발정책을 통하여 경제를 발전시켰다.

싱가폴의 성공비결은 민간 분야에서 창의적인 프로젝트 아이디어가 제안되면, 정책당국은 이를 과감히 수용하여 프로젝트가 차질없이 진행시킬 수 있는 민과 관이 협력하여 만들어진 결과인 것같다.

반면, 한강의 기적이라 불릴 정도로 비약적인 성장을 해온 우리나라의 경제는 2% 정도의 성장 한계에 부딛혀 있고, 이러한 저성장 국면을 당연한 것으로 여기는 안이한 인식이 확대되고 있다. 우리나라가 싱가폴처럼 한강의 기적이라는 성공경험을 지속적으로 유지하기 위해서는 민과 관이 상호 협력하여 창의적인 프로젝트를 효과적으로 발굴하여 성공하는 경험을 통하여 지속적인 경제성장을 유지할 수 있다고 생각한다.

나는 90년대 초반, 싱가폴에서 항만, 지하철등 다수의 프로젝트를 시공사 엔지니어로 참여한 적이 있다. 30년이 지나 SIRC행사를 통해 싱가폴이 발전하는 모습을 보면서, 창의력 이야말로 국가를 지속적으로 발전시키는 원동력임을 다시한번 깨닫게 되었다.

14
건설사업관리 역량의 중요성
(CM)

부동산 PF(Project Financing) 위기로 인해 건설업계발 금융위기 가능성에 대한 염려가 커지고 있다.

국토교통부 건설산업지식정보시스템에 따르면 이달 들어 41개 종합건설업체가 폐업을 신고했으며, 금년 폐업 신고건수는 약 500건으로 지난해 300건 보다 약 70%가 증가했으며 2006년 이후 17년 만에 최대치라고 한다.

부동산 프로젝트의 책임시공을 맡고 있는 건설사들의 부실은, 지분투자 혹은 대출로 금융기관이 연결되어 있어서, 코로나와 고금리로 인한 금융시장의 불안정성이 마무리 되어가는 상황에서 우리나라도 중국이 겪고 있는 부동산발 금융위기로 인한 침체를 겪게 될 가능성이 있다.

프로젝트 파이낸싱(Project Financing, PF) 이란 프로젝트의 사업성을 통해 금융을 조달하는 것을 의미한다. 프로젝트는 사업성을 발굴하여 제시한 시행사(Developer 혹은 SPC)와 투자를 통해 이익을 얻고자 하는 투자자가 합의한 내용을 다양한 계약과정을 통해 프로젝트가 착수되며, 프로젝트를 시작하여 종료되기 까지 시행사(SPC : Special Purpose Company 혹은 SPV:Special Purpose Vehicle)가 표면적으로는 사업의 주체가 된다.

프로젝트가 성공적으로 완료되기 위해서는 프로젝트의 사업성이 훼손되지 않아야 한다. 투자자에 대한 이윤 보장이 가장 중요한 요소이다. 이윤이 발생하지 않으면 투자자에 대한 약속을 지킬 수 없을 뿐만 아니라, 이에 따른 시행사의 성과보수는 물론이고 프로젝트 수행을 위한 비용 지급도 어려운 상황이 발생할 수 있기 때문이다. 프로젝트 비용이 당초 예상을 초과하는 순간, 사업성이 떨어질 수 밖에 없게 되고 투자자들이 추가로 비용 인상을 감당하지 않는 한 프로젝트의 순조로운 진행이 어려워지기 때문이다.

지금 겪고 있는 무수한 부동산 프로젝트의 어려움은, 코로나 이후 급격히 상승한 건설비용과 이자율 상승으로 인한 금융비용의 증가가 동시에 발생하여 프로젝트의 수익성 및 사업성이 급격히 저하되었기 때문이다. 아파트 혹은 주상복합과 같은 주거용 부동산 프로젝트의 경우, 비용이 상승하면 일부 인기 있는 지역을 제외하면 이윤은 고사하고 분양한 가격보다 더 비싼 물건을 만들 수밖에 없는 상황이 발생한다. 그리고, 시행사의 적자 비용은 책임시공을 맡고 있는 건설사에 고스란히 전가되어 재무구조가 취약한 건설사의 경우는 부도위기에 몰리게 된다.

반면, 도심지에 위치한 상업용 빌딩의 경우에는 비용증가로 인한 어려움이 발생하더라도 비용상승을 임대료에 전가할 수 있는 기회가 있으며, 만일 임대가격이 높은 도심권의 경우에는 시간이 걸리더라도 비용을 회수할 수 있는 기회가 존재할 수도 있다.

프로젝트 파이낸싱에 있어서 사업성 유지를 위해 발생비용을 통제하고 관리하는 것이 가장 중요함에도 불구하고, 철저한 사업성 분석을 게을리하고 그럴듯한 사업계획에 현혹되어 맹목적으로 사업을 추진하게 되면 지금과 같은 큰 어려움은 물론이거니와 자그만한 난관에도 프로젝트가 지연되고 비용이 증가하는 경우가 종종 발생한다.

지금부터 300년전 "로빈슨 크루소"를 쓴 영국의 다니엘 디포는 당시 영국에서 진행되는 수많은 프로젝트의 위험성을 그의 글 "프로젝트에 관한 에세이"를 통하여 경고한 바 있는데, 당시 영국은 산업혁명과 해상무역을 통해 국가의 부가 확장으로 수많은 프로젝트가 생겨남으로 인하여 "기획의 시대"라 불리는 시기였다.

다음은 그의 에세이에 묘사된 프로젝트에 대한 그의 생각이다.

오늘날은 "필요는 발명의 어머니"라고 불릴 만큼, 무엇이든 만들 가치가 있다고 판단되면 인간의 지혜를 모아서 매우 강력한 힘으로 만들어 내고 있기 때문에, 이 시대를 다른 시대와 구분하여 '기획의 시대'라고 부르기에 전혀 부족함이 없다. 새로운 기계를 발명했다거나, 놀라운 비밀을 발견을 해냈다거나 그 외에도 그럴듯한 얘기의 헛소문이 지나치게 많이 도는데, 소문이 점점 커져서 엄청난 돈을 조달하기만 한다면 엄청난 수익을 낼 수 있다는 믿음을 가지게 한다.

잘 속아넘어가는 일반 사람들을 기대감과 꿈으로 부풀게 하여 회사를 세워서, 수익을 얻을 것이라는 공허한 주장을 강하게 하여 주식을 발행하지만, 결국 아무런 일도 발생하지 않아서 순진한 투자자들이 좌절하는 상황이 수없이 발생한다.

계획을 꾸민 사람들이 교묘하게 자기 지분을 팔고 나면, 구름이 흩어지듯 거품은 꺼지고 불쌍한 투자자들은 서로 싸우며 소송을 걸지만, 사업실패에 대한 책임을 묻기는 커녕 투자자들은 자신의 잘못된 판단을 한탄하여 스스로의 책임으로 돌리도록 교묘하게 함정을 판다. 주가가 점차 떨어지기 시작하면, 주식을 제 때 판 사람은 안도의 기쁨을 누리지만, 그렇지 못한 사람들의 최후는 아무 것도 남지 않는 허탈과 좌절만 남겨질 뿐이다. 사업성 있는 프로젝트라는 거창한 말과 사회적으로 명성있는 사람들의 이름에 현혹되어 그럴듯하게 과장되고 포장되지만, 결국 이러한 거품이 사라지면 100파운드에 해당하는 지분가치가 10분의 1로 쪼그라들어 주식을 산 수많은 가정이 쑥

대밭이 되는 장면을 나(다니엘 디포)는 수없이 많이 보았다. 얼핏 보면 지금 우리나라의 얘기처럼 보이지만, 실제로는 다니엘 디포가 살던 300년전의 영국의 상황에 대하여 그의 수필 "프로젝트에 관한 에세이"해서 묘사한 것이다.

우리사회는 부동산 불패 신화로 인하여, 부동산PF를 마치 마치 황금알을 낳는 거위 쯤으로 인식하는 경향이 있다. 지금처럼 건설비용이 상승하고 금융비용이 당초 설계한 것을 초과하는 경우가 발생하면 대부분의 부동산 프로젝트는 실패할 가능성이 높게 된다. 무분별한 계획과 철저한 사업성 검토과정 없이 시작한 프로젝트의 실패를 단지 경제상황에 대한 문제로 인식되어져서는 안된다.

　모든 프로젝트는 계획되고 추진되는 과정에서 크고 작은 난관에 부딛힐수 밖에 없으며, 이러한 어려움을 해결하는 과정을 통하여 프로젝트가 완료되기 때문이다. 건설프로젝트를 종합적으로 기획하고 관리하는 개념을 건설사업관리 즉 CM(Construction Management) 혹은 PM(Project Management) 이라고 한다. 건설사업관리는 건설프로젝트의 전 Life Cycle, 즉 타당성 조사에서 시공관리, 금융관리를 모두 아우르는 포괄적 개념이다.

　우리나라에 건설사업관리 개념이 도입된지 수십년이 경과하였으며, 대학에서도 전공으로 채택되어 제법 많은 인재가 배출되었음에도 불구하고 아직도 국내에서는 제대로 자리잡지 못하고 주먹구구식의 과거 경험을 토대로 건설프로젝트가 수행되고 있다.

　전문적인 사업관리 조직을 구축하지 않고, 주먹구구식 경험위주로 프로젝트를 수행하면 수많은 위기상황을 돌파할 수 있는 현명한 의사결정을 내리기 어렵다. 다른 나라와 달리 우리나라 에서만 유독 반복적으로 건설업 위기상황이 초래되는 이유이다.

　지금 건설업계는 건설시장의 축소로 인한 어려움을 겪고 있다. 건설회사가 어려운 시장 여건 가운데 생존하고 경쟁력을 유지하려면 CM역량을 획기적으로 강화해야 한다. 과거 고도 성장기에 정부의 자금으로 발주하는 공공 인프라 건설이나, 중산층의 확산으로 인한 신도시 개발을 통해 누렸던 개발이익과 같은 기회는 기대하기 어렵다.

건설사업관리 역량을 갖추지 않는 회사는 계속해서 위기에 흔들릴 수 밖에 없다. 지금의 위기상황을 토대로, 적게는 수십억에서 크게는 수조원에 이르는 건설프로젝트가 차질없이 성공적으로 잘 수행될 수 있도록, 건설과 금융을 모두 포함하는 프로젝트 사업관리 개념을 제대로 이해하고 프로젝트를 수행하는 CM및 PM역량이 우리나라 건설산업과 금융기관에 잘 정착될 수 있기를 희망한다.

15
인프라건설의 **재원부족**을 **국민자본으로 해결**하는 방법

지난 3월26일 새벽 미국 메릴랜드주의 항구도시인 볼티모어에서 싱가포르 선적 컨테이너선 '달리'가 교각에 충돌하면서 길이 2.6km의 교량(프랜시스 스콧 키브리지)이 순식간에 붕괴되는 사고가 발생하였다.

무너진 교량은 볼티모어 인근의 파탭스코 강하류를 관통하는 다리로서, 1972년 착공되어 약 5년간의 공사기간을 거쳐 1977년에 준공된 볼티모어 항과 외부를 연결하는 철제 트러스 교량이다.

본래 이 다리는 해저터널로 계획되었으나, 건설자금을 조달하는 과정에서 공사비용과 유지비용이 더 경쟁적이라 판단되어 교량으로 변경되었으며, 교량을 건설하는 비용은 약 1억1천만달러로서 건설채권을 발행하여 공사비를 조달하였으며 최종 비용은 당초 예산보다 약 3천만불이 초과된 1억4천만불이 투입되었다.

무너진 교량의 잔해 제거와 건설비용은 최소 20억 달러(약 2조 7천억원)가 소요될 것으로 예상되며, 볼티모어 항만의 일시적 폐쇄에 따른 경제적 손실과 교량 건설기간동안 우회적인 수송등 추가적으로 발생하는 경제손실은 40억달러(약5조4000억원)에 달한다고 한다.

항만시설은 물론이거니와 교량과 철도, 고속도로나 공항시설과 같은 국가의 공공 인프라시설은 국가 경제의 경쟁력 유지는 물론 지역경제를 활성화 시키시 위해 필수적인 시설이다.

우리나라가 수출산업의 경쟁력을 확보하기 위하여, 가난한 시절에도 목숨을 걸고 고속도로와 철도, 항만과 공항을 건설하고 저렴한 가격으로 전기를 공급함은 물론 전국 도처에 대규모 산업단지를 건설한 이유이다.

국가경제는 물론 지역경제 활성화를 위해서도 적절한 시기에 필요한 시설을 건설하고 꾸준히 유지보수 작업을 하여야 국가의 지속가능한 경쟁력이 유지될 수 있다.

국토교통부 자료에 의하면 2050년까지 우리나라 사회간접자본 즉 인프라 시설을 유지하기 위하여 약 1,000조원이 필요함에도 불구하고 건설을 위한 재정확보가 어려울 것으로 전망되고 있다.

대한민국을 유지하고 보수하기 위해 필요한 자본은 아파트의 수선충당금에 해당되는 개념으로서, 이러한 비용을 확보하고 집행하지 않으면 대한민국 자체가 점점 더 낡은 국가로 변하게 된다.

낡은 아파트는 팔고 이사가면 되지만 우리가 살아가는 국가는 대안이 없다.

이렇듯 그 중요성에 비해 쉽게 간과하기 쉬운 국가의 인프라건설 예산부족을 우리나라의 민간자본을 잘 활용하면 해결할 수 있다.

(우리나라의) 민간자본 즉 국민들의 금융자산은 우리나라 경제가 발전하는 가운데, 가계저축이나 수출기업의 수익으로 인한 잉여물로서, 부동산 혹은 주식이나 펀드 심지어 연금보험이나 저축과 같이 다양한 형태로 운용되고 있다.

투자대상을 제대로 발굴하지 못해서, 아파트 투자나 주식투자에만 쏠려 있는 국내의 민간자본을 잘 활용한다면 국가는 굳이 부채를 증가하지 않으면서도 사업에 필요한 자금을 조달할 수 있다.

나의 돈을 써서 내가 수익을 가진다면 주머니돈이 쌈지돈이 되는 반면에, 외국돈을 차용하면 그 비용과 수익이 나가는 국부유출은 물론, 예상치 못한 시기에 원금상환을 요구받거나 높은 이자를 요구할 경우 국가경영의 안정성을 헤칠 수 있는 매우 위협적인 요소가 될 수 있다.

그러므로, 국가의 인프라 시설에 필요한 재원을 민간자본으로 조달하는 민자사업에 대한 수익을 국민에게 제공할 수 있다면, 매우 안정적인 자본조달과 국가경영의 안정성 두마리 토끼를 잡을 가능성이 높아 보인다.

국가는 민자사업을 필요한 재원을 조달하여 국가 인프라프로젝트를 적기에 수행하고, 국민들은 안정적인 이자수익을 통해 안정적인 투자수익을 거둘 수 있다. 민자사업에 대한 재원을 국민의 연금 즉 공적영역인 국민연금이나 사적연금인 보험회사의 연금자산으로만 국한해서 활용할 필요가 있다.

특히, 미래를 염려하는 청년세대의 연금에 대해서는 더 높은 이자율을 적용하여 수익을 제공한다면, 청년세대들이 미래에 대한 불안감과 염려를 극복하고 적극적인 저축과 연금을 통해 자산을 축적하게 됨으로써, 결혼 및 출산 그리고 육아에 대한 염려도 점차적으로 해결할 수 있는 계기가 될 수 있을 것이다.

지난 90년대말 발생한 IMF 위기상황을 금모으기로 해결했던 경험과 일제강점기 국채보상운동을 기억해보면, 무분별하게 외국자본을 통한 자금조달은 위기상황에서 국가의 정체성을 위협할 수 있는 매우 위험한 요소임을 잘 기억하여야 한다. 과도한 가계부채의 결과는 개별적 가계의 파산에 그치지만, 과도한 국가부채는 국가경영의 파산을 의미하기 때문이다.

Part3

보험이야기

01
리스크와 보험상품 이야기

부카(VUCA)라는 말이 있다. 변동성(Volatility), 불확실성(Uncertainty), 복잡성(Complexity), 애매모호함(Ambiguity)을 줄인 말로서, 1987년 미국 사우쓰캘리포니아 대학에서 리더쉽을 주제로 만든 용어인데, 미국 육군대학에서 냉전이 종식에 따른 국제정세를 해석하는 기법으로 사용되었다.

항상 불확실한 미래를 준비해야 하는 경영자뿐 아니라, 개인들도 이해하고 있으면 도움이 되는 개념이다. 나는 VUCA중 마지막 단어인 Ambiguity(애매모호함)을 이해하는 것이 매우 중요하다고 생각한다.

우리가 사회생활을 하면서 당면하는 여러가지 어려운 문제를 제대로 해결하지 못하는 이유가 바로 문제를 바라보는 애매하고 모호함으로 인해 야기되는 문제인데 그 대표적인 것이 바로 리스크(Risk)에 대한 이해이다. 우리는 리스크란 표현을 자주 쓰지만 리스크를 정의하고 설명하려면 상당한 어려움을 느낀다.

네이버 지식백과에서 리스크를 검색하면 다음의 내용으로 설명된다. "리스크(risk)란 불확실성에 노출된 정도를 의미하며, 부정적 상황 외에 긍정적 가능성도 내포한다. 특히, 금융에서 많이 사용되는 리스크란 용어는, 불확실한 미래상황에 노출된 상태로서 미래결과에 따라 좋을수도 있고 나쁠수도 있다.

수출기업의 경우 환율이 변함에 따라, 환리스크가 있다고 하는데 환율의 상승과 하락에 따라 유리하거나 불리한 상황이 발생한다"

많은 사람들이 이용하는 지식백과임에도 불구하고 설명이 어렵게 느껴진다.

대부분의 회사에는 리스크관리 조직이 있다. 금융회사는 일반 제조업에 비해 리스크관리 조직의 역할과 기능이 더 중요한데, 특히 보험회사의 경우는 금융감독원 보험리스크 제도실에서 보험회사의 리스크관리와 관련된 규정을 만들어 직접 감독하고 있다.

리스크(Risk)는 순수리스크(Pure Risk)와 투자적 혹은 투기적 리스크(Speculative Risk)로 구분할수 있다. 순수리스크(Pure Risk)는 발생하면 손실이 되는 리스크로서 주관적 의미의 리스크 개념이며, 투자리스크(speculative risk)는 이익이 될수도 있고 손실이 될수도 있는 리스크, 즉 투자대상이 될수 있는 객관적 의미의 리스크 개념이다.

대부분의 경우 투자적 리스크를 순수리스크로 혼동하고 있고, 심지어 리스크를 관리하는 전문 부서의 직원들도 가끔 이 개념을 헷갈려 하는 경우도 있다.

어떤 리스크가 순수한 리스크(pure risk)라고 판단되면 반드시 선제적으로 리스크를 제거하기 위한노력을 하여야 하는데, 방치할 경우 비용으로 나타나기 때문이다.

(※선제적 리스크관리 방법으로 리스크 전가, 분산, 헷징 등의 전문 이론이 있으나, 다음에 기회가 되면쉬운 방법으로 설명코자 한다.)

대부분의 인보험상품은 순수리스크(pure risk)에 해당되는 나의 위험을 대상으로 만들어지며, 보험사의 입장에서는 이부분이 투자적 요소가 될수 있다.

- **사망보험** 내가 사망하면 내가족은 어떻게 될까?
- **장수리스크, 종신보험** 요즘은 오래사는 것이 리스크가 될수도 있는 세상이 되었다.
- **연금보험** 내가 오래살면 내 생활비는 어떻게 버나?
- **질병보험, 암보험** 내가 고질적인 병에 걸리면 의료비와 생활비는 어떻게 감당하지?
- **실손보험** 빈번하고 사소하게 발생하는 병원비는 내가 어떻게 감당하지?
- **여행자보험** 여행하는 동안에 도난 당하거나 사고를 당하면 어떻게 하지?

보험사의 입장에서는 개인들의 리스크에 대한 보험상품 판매를 위해 리스크가 가지는 의미를 새롭게 분석해야 하는데, 사망으로 인해 초래되는 개인의 리스크는 연령 가족관계, 재산상태 등에 따라서 다양하게 해석할 수 있다.

내가 어리거나 미혼인 경우, 나의 사망은 가족 및 친척 혹은 친구나 연인의 슬픔이 될 것이다.

내가 40~50대의 가장이라면, 가족들의 슬픔은 물론 유가족들의 경제력에 대한 염려가 있을 것이다. 내가 나이가 들어 직장에서 은퇴한 경우, 자녀들의 슬픔과 함께 배우자의 노후가 큰 염려가 될 것이고 매우 고령자의 경우에는 가족들의 애도가 전부일 것이다.

보험회사에서 개인의 연령대별 사망 즉 사망리스크를 대상으로 한 보험상품은 아래와 같다

- 10~20대 부모 입장에서의 교육비용 이나 질병에 따른 의료비용 (**교육보험, 질병보험**)
- 30~40대 가족의 생계비 (**사망보험, 종신보험**) 및 노후 생활자금 (**연금보험**)
- 50~60대 건강과 질병 (**질병보험**) 및 배우자 노후 생활자금 (**연금보험**)
- 70대 건강과 질병등 의료비용 (**실버보험**)

이렇듯 보험상품들은 우리가 주관적으로 느끼는 다양한 종류의 불안과 염려 즉 우리의 리스크를 해결하기 위하여 만들어 지고 있는 보

험회사의 사업의 영역임을 알수 있다.

　물과 공기가 인류에게 너무나 중요함에도 불구하고, 자연이 무한적으로 제공하고 있어서 그 가치를 잘 인식하지 못하는 것처럼, 넘치는 보험상품들과 이를 판매하기 위한 경쟁의 과열로 인하여 보험상품에 대한 고마움을 제대로 인식하지 못하고 때로는 성가시게 생각하는 것이 우리의 현실이 매우 아쉽다.

02
보험산업의 가치

올해부터 쓰기 시작한 칼럼명을 "어쩌다 보험인"으로 정하였다. 보험산업에 종사하는 사람들은 수학, 통계 혹은 경영/경제학 전공자와 같이 보험회사의 상품개발, 리스크관리, 재무관리, 회계등 전문가를 목표로 한 경우도 있지만, 나처럼 어쩌다보니 보험관련 업무에 종사하게 된 사람도 상당히 많다.

보험산업이 매우 중요함에도 불구하고, 우리 사회에는 보험산업에 대한 부정적 이미지로 인하여, 직업으로서 보험관련 업무를 선택할 경우 크던 작던 약간의 용기를 필요로 한다.

나는 대학에서 토목공학을 전공하고 건설회사에서 약 15년간 견적업무와 현장업무를 번갈아 경험하였다. 현대건설과 삼성물산(건설부문)이라는 기업문화가 전혀 다른 두 기업에서의 경험을 통해, "밖에서 벌어서 안을 살찌운다"는 현대그룹의 수출주도형 중후장대(重厚長大)한 문화를 경험하였고, 삼성에서는 "마누라와 자식 빼고 다 바꿔라"는 고(故)이건희 회장님의 혁신정신과 함께, 경소단박(輕小短薄) 산업의 경쟁력에 필수적인 스피드 경영과 글로벌시장으로의 도전문화를 경험하였다.

내가 2007년 코리안리로의 이직을 고민할 때에, "코리안리재보험"이 이미 글로벌 재보험사로서 잘 알려져 있음에도 불구하고, 주변의 반응은 "왜 하필 보험회사?, 엔지니어가 할만한 일이 있나?"라는 부정적인 반응이 많았다. 수주를 위한 견적 업무는 물론, 공정표 작성, 예산편성, 협력회사 계약체결 및 관리 등 건설회사에서의 핵심 업무를 수행하며 비교적 탄탄한 커리어를 구축해 나가던 시절이었기 때문이다.

16년동안 코리안리재보험에 근무하며, 전국에 산재한 산업단지는 물론 육상과 해상의 각종 건설현장을 대상으로 위험조사와 대형사고 발생시 보상업무를 수행하였다. 1년에 평균 50회 이상 출장 업무를 수행하며, 국내는 안 가본 곳이 거의 없을 정도이고 종종 해외현장도 방문하였다.

업무를 통해, 모든 기업체와 프로젝트의 지속가능한 경영을 위해 보험프로그램이 필수임을 몸으로 생생히 경험하였고, 보험산업의 가치를 더 잘 이해하게 되었다.

나는 보험산업이 어떻게 국가와 사회 발전에 기여하고 있는지 4가지 면에서 말하고 싶다.

첫째, 보험상품 자체가 갖는 효용성이다.

사망보험, 암보험 등 생명보험 상품이나 화재보험, 자동차보험, 배상책임등과 같은 손해보험 상품은 불특정 다수의 보험계약자를 대상으로 상품을 판매한다. 그러나, 나로호 발사와 같은 우주프로젝트나 지하철건설, 대형 교량공사, 초고층 건물 등은 수행시 붕괴사고나 화재사고로 인한 리스크로 인하여 특화된 맞춤형 보험프로그램이 동반되지 않으면 원활한 사업 진행이 어렵다. 또한, 자율주행 자동차나 스마트시티 건설등 국가의 미래산업이 연구단계를 거쳐 국민생활로 일반화 되려면 보험상품과의 연계가 반드시 필요하다.

둘째, 고용을 통한 일자리 제공이다.

보험업 관련 종사자는 보험회사 직원뿐만 아니라 상품설계를 위한 계리법인, 상품판매를 위한 영업조직인 보험대리점(GA: General Agency), 보험금 지급을 위한 손해사정법인 등이 있다. 법률자문, 회계관련, 연구분야인 학계 또한 보험과 관련된 매우 중요한 사업영역이다.

더구나 IMF와 같은 경제위기 때는 한국인 특유의 상부상조 정신

이 발동하여, 굳이 필요치 않더라도 지인들을 통해 상품을 팔아준 경험이 있는데, 이것은 국가가 해결키 어려운 개별 가정의 경제적 어려움이 보험산업을 통해 일부 해결된 경우로서, 금모으기로 국가의 외환 부채를 갚은 것 못지 않게 사회적 부조시스템이 잘 작동된 사례일 것이다.

셋째, 사회 인프라분야에 안정적인 투자자금을 공급하고 있다는 점이다. 보험계약은 보험급부(Coverage: 미래에 보험금 지급) 제공을 전제로 보험료를 먼저 받게되는 일종의 채무계약이다. 따라서, 미래에 발생하는 보험담보(사망, 종신, 질병, 연금 등)인 보험금 지급 재원을 마련하기 위해서, 보험회사는 약관에 보장된 보험금 지급이 완료되는 시기까지 "안전하면서도 충분한 투자수익"을 통하여 보험금 지급재원을 유지하여야 한다.

이를 위해, 보험회사는 주식이나 채권을 운용하거나 다수의 수익성 프로젝트에 참여하고 있으며, 투자하는 프로젝트는 대개 주택건설, 도로/항만 등 인프라 건설, 벤처캐피탈 등과 같이 보험회사가 투자하지 않는다면 국가가 채권을 조달해서라도 재원을 조달했어야 할 영역이다.

실제로, 보험산업이 발전하지 않은 대부분의 개발도상국들은 사회간접자본인 인프라건설을 위해 국제금융기구로부터의 차관이나 국채를 발행하여 자금을 조달하고 있다.

마지막으로 금융산업의 글로벌경쟁력 확보에 필요한 인재육성이다. 금년부터 도입되는 신지급여력제도(K-ICS)와 신회계제도(IFRS17)로 인해, 보험회사가 불확실한 미래환경에서 살아남기 위해서는 다양한 업무분야에서 과거보다 더 전문성을 강화하고 전문가를 육성해야만 한다.

창의적인 아이디어로 상품을 개발할수 있는 창조형 인재, 개발된 상품을 판매하기 위한 열정적인 마케팅 전문가, 리스크 분석과 재무·인사 등 관리형 인재, 자산운용을 통해 회사가치를 높일 투자전문가 등 여러분야에서 전문가는 물론이거니와 이 모든 운영시스템이 유기적으로 잘 작동할 수있도록 운영시스템을 설계할수 있는 창의적이고 창조적인 미래형 디지털 전문가가 육성해야한다.

어쩌다 보니 재보험회사에서 여러가지 업무를 경험하고 있지만, 내가 부딪히며 해결해야할 매일매일의 업무는 항상 나를 설레게 한다. 나는 내가 보험인인 것이 자랑스럽다.

03
재보험 비즈니스에 대한 오해

    셰익스피어 희곡중에 "베니스의 상인"이란 작품이 있다.

    유대인 고리대금업자 샤일록은 자기를 멸시하던 경쟁자 안토니오에게 돈을 빌려주는 과정에서, 제때에 값지 못할경우 안토니오 심장부위 살 1파운드를 취한다는 담보조건을 설정한다. 안토니오가 투자한 배가 침몰하여 목숨이 위태롭게 되었을 때, 재판관의 기지로 "피를 제외하고 살점만 취하라"고 판결함으로써, 안토니오의 목숨을 구한다는 내용이다.

    "베니스의 상인"은 샤일록을 비난하고 있으나, 안토니오의 무모함 또한 비난 받기에 충분해 보인다. 안토니오가 투자한 배를 보험에 가입하였다면, 안토니오 대신 보험사가 막대한 보험금 지급으로 인한 어려움에 처하게 되었을 것이다. 이렇게 되면 보험사를 위한 보험이 당연히 필요해 보인다.

실제로, 재보험은 1370년 이탈리아 제노아로부터 네델란드로 운송하는 화물에 대한 해상보험계약에서 최초로 시작되었다. 19세기 이후 산업혁명과 자유무역으로 인한 해상운송량의 증가와 유럽의 많은 지역들이 도시화되면서 대형 화재사고 또한 증가하여, 해상보험과 화재보험을 중심으로 재보험계약이 증가하였다. 현재는 태풍, 홍수, 지진과 같은 자연재해 분야를 포함하여 산업전반의 모든 영역에서 보험사와 재보험사간에 리스크 전가와 분산을 위한 재보험 계약이 일반화 되었다.

나는 2007년부터 코리안리에 근무하면서, 국내외를 불문하고 매년 50회 정도의 위험평가 혹은 사고조사를 위한 출장업무를 수행하였다. 태풍이나 홍수 같은 자연재해는 물론 화재사고, 여객기나 선박사고등 대형손실에 대한 보험금 지급심사가 나의 주된 업무였다.

2012년 태국의 수도 방콕을 홍수의 공포에 떨게한 태국홍수사고를 비롯하여, 2013년 국내 굴지의반도체회사의 중국공장에서 발생한 약 1조원 규모의 화재사고, 그리고 2014년 온국민을 가슴아프게 한 세월호의 선박과 여객에 대한 보상사고 등 수많은 사고들에 대한 보상액을 산정하고 합의에 이르기 까지의 과정은 매우 다양하고도 복잡한 사연들이 있었다.

태국의 홍수사고는 수력발전 의존도가 높은 태국이 발전효율을 높이기 위해 상류지역의 댐저수량을 지나치게 높게 관리하다가 발생한 천재와 인재가 동시에 작용한 사례로, 전체 피해액은 약 50조원에 이르고 코리안리가 지급한 보험금만 해도 수천억원 규모였다.

2013년 중국의 반도체 공장사고는 2시간 이내 진화된 간단한 화재였음에도 불구하고 1조원 정도의 피해가 발생하였다. 20여개 이상의 다국적 보험사와 재보험사들이 참여한 복잡한 상황이었음에도 불구하고, 서로 협조하여 신속한 초기 보험금 지급은 물론 2년 이내에 최종 보상액이 합의된 매우 모범적인 사례였다

한편, 2014년 세월호 침몰로 인한 여객배상 사고는 국내 보험사와 해외 재보험사간 보상입장의 대립으로 인해 매우 큰 어려움을 겪었으며, 최종 보상까지 5년이상의 오랜 시간이 소요되었다. 대형 위험의 분산이 재보험사의 일반적인 사업영역임에도 불구하고, 코리안리가 유일한 국적 재보험사라는 이유로 국내 재보험사업을 독점하고 있을 것이라는 오해를 받고 있다. 실제로는 국내 금융시장이 개방되어 있어, 다수의 유럽계 및 미국계 재보험사들이 서로 경쟁하고있다. 코리안리 재보험이 시장점유율 우위에 있는 것은 현대자동차나 삼성전자의 국내시장 점유율이 높은 것과 비슷한 이치이다.

실제로, 일반 보험사들도 필요할 경우 재보험계약을 하고 있어서, 재보험업 자체는 누구에게나 열려 있는 선택의 영역이다.

또한, 재보험사가 (원)보험사에 대하여 계약의 우월적 지위에 있을

것이라는 오해이다. 재보험계약은 (원)보험사와 재보험사간에 맺어지는 계약이므로, 당연히 (원)보험사가 갑이고 재보험사가 을임에도 불구하고 가끔 코리안리가 보험계약의 공정성 이슈에 휘말리게 되는 것은 매우 아이러니하다.

금년은 코리안리가 1963년 재보험사업을 시작한지 만 60년이 되는 해이다. 그동안 유럽, 미주 및 아시아에 11개의 해외 점포를 소유한 글로벌 10위권 재보험사로 성장하였고 앞으로도 해외 시장에서의 도전은 계속될 것이다.

아직은 해외사업 비중이 25%에 불과하지만, 그동안의 경험과 성장 노하우를 바탕으로 재난에 대한 사회안전망 기능으로서의 재보험 가치를 인정받는, 최고의 글로벌 재보험사로 발전하기를 기대해 본다.

04
세월호 사고와 재보험이야기

영국의 시인 엘리엇은 그의 장편시 황무지(The Waste Land)를 4월에 대한 묘사로 시작한다.

April is the cruelest month, breeding (4월은 가장 잔인한 달)

Lilacs out of the dead land, mixing (죽어 있는 땅으로부터 라일락이 피어나고)

Memory and desire, stirring (기억과 바램이 서로 뒤섞이고)

Dull roots with spring rain. (봄비를 통해 잠든 뿌리를 흔들어 깨운다)

우리나라도 4월이 되면 적지 않은 사람들이 세월호 침몰사고(2014.4.16)로 인한 트라우마에 시달리게 되는 것 같다.

다른 대형참사와 달리 세월호 사고가 유난히 큰 사회적 이슈가 되었던 것은, 희생자 대부분이 수학여행을 가던 고등학생들이었다는 안타까움과, 실시간 방송을 통해 전달된 구조 작업의 미숙함으로 인한 아쉬움 때문이었다.

당시 회사에서 보상업무를 총괄하던 나에게도, 세월호 사고는 시작부터 보험금 지급 종결까지 다양한 경험과 수많은 어려움이 있게 한 매우 중요한 사건이었다.

일반적으로 손해보험회사가 재보험사와 재보험 계약을 체결하는 이유는, 자신이 감당할수 있는 손실액 규모를 넘어서는 손실액 발생 리스크를 재보험사에 전가하기 위해서이다.

사고당 발생하는 최대가능손실액을 PML(Probable Maximum Loss)이라고 하는데, 보험사는 PML 산정을 통하여 재보험사에 전가할 위험의 크기를 결정하게 된다.

여객기나 선박의 PML 규모는, 비행기나 선박 자체의 재조달비용보다 여객에 대한 인적/물적 배상금액이 훨씬 더 큰 경우가 많은데, 세월호의 PML은 약 2,500억원 정도로, 코리안리재보험을 포함한 영국 로이즈 마켓의 다수의 보험사가 재보험계약에 참여하고 있었다.

세월호 침몰사고와 관련된 보험의 종류는 다음과 같다.

세월호의 소유주인 청해진 해운이 가입한 선체보험, 여객배상보험과 여행객이 별도로 가입한 여행자보험, 생명보험, 그리고 적하물별로 별도로 가입된 적하보험과 자동차보험 등이다.

　사고 발생후 열흘 정도 지났을 무렵, 보험금 지급을 최대한 빨리 조치하라는 사회적 요구가 있었다. 신속한 보험금 지급은 보험회사가 희생자와 유가족을 위해 취해야 할 지극히 당연한 조치였기 때문이었다. 그럼에도 불구하고, 청해진 해운이 가입한 선체보험과 여객배상보험은 즉시 보험금을 지급하기 어려운 상황이 있었다.

첫째는 보험금 지급주체가 국내 보험사뿐 아니라 국내와 해외의 다수 재보험사를 포함하고 있어서 상호 합의가 필요한 상황이었고, 둘째는 침몰사고의 원인이 보험금 지급사유에 해당되는지 판단이 필요했기 때문이었다.

보험업에서의 "면책"이란 용어는 보험금 지급의 책임을 면한다는 뜻인데, 세월호 침몰의 원인이 면책사유에 해당될 가능성이 있었기 때문에 별도의 사고원인 조사가 필요한 상황이었다.

선박의 운항위험을 담보하는 선체보험에는 묵시적 담보(명시하지 않음을 의미)조건으로서 감항성(Seaworthiness) 확보가 있다. 선박이 안전 운항을 위해 해양조건의 위험을 감당할 만한 안전성이 확보되어 있지 않으면 사고가 발생하더라도 보험금이 지급되지 않음을 의미한다. 즉 서해안의 고기잡이용 소형배가 태평양과 같은 대양에서 항해를 시도한다면, 상식적으로 보험계약에서 담보하는 위험을 벗어나게되므로 침몰사고가 발생하더라도 보험금을 지급하지 않는다는 의미이다. (※감항성은 선박의 설계, 선급부여, 출항전 조사절차 등 전문적 내용을 포함하고 있다.)

세월호의 경우, 적하물을 더 많이 적재코자 배의 안전성, 즉 복원성을 위해 마련된 선박평형수(Ballasting Water)를 줄인 상태에서 출항하였고, 사고지점에서 급격한 방향전환으로 인해 선박의 복원력이 저하되어 침몰한 것으로 확인되었다. 즉 감항성 유지 의무를 위반한 사고였다. 따라서, 묵시적 담보요건인 감항성 위반은 선체보험은 물론 이와 연계된 배상책임도 성립하지 않게 된다.

그럼에도 불구하고, 청해진 해운이 가입한 선체보험에 대해서는 면책하고 피해 승객에 대해서는 보상코자 하는 노력이 시도되었으며, 이는 청해진 해운이 파산하여 피해자들에 대한 보상이 어려웠기 때문이었다. 영국의 재보험사들을 설득하여 최종 지급 동의를 얻기까지 약 5년간의 길고 어려운 과정이 있었다.

나에게 4월은 잔인한 기억 너머로, 문제해결을 위해 함께 노력했던 고마운 얼굴들이 기억나는 잊지 못할 4월이 될 것이다.

05
영국의 보험시장 로이즈마켓
(Lloyd's Market)

요즘 우리나라를 방문하는 외국인들은 한국인들의 커피사랑과 주변에 넘쳐나는 커피숍에 많이 놀라게 된다고 한다. 학생들은 물론이고 직장인들 조차도 커피숍에서 책을 보거나 업무를 하는 모습이 더 이상 낯설지 않다. 점심식사 시간이면 매장이 있는 커피점은 물론이고 테이크 아웃 커피점 조차도 줄을 서서 커피주문을 기다리는 모습을 보게 된다. 남녀 노소를 불문하고 커피는 그야말로 우리나라 문화의 대세가 되어버린 것 같다.

300년전 영국의 런던에도 커피붐이 일어났다고 한다.

17세기 중엽 영국은 산업혁명과 해상무역을 통해 매우 빠르게 국가의 부가 증가하고 있는 가운데, 처음으로 커피가 도입되면서 런던의 엘리트 층에게 커피 열풍이 불었다. 이러한 분위기를 타고 1688년 "에드워드 로이드"는 커피하우스를 운영하게 되었다.

로이드는 자신의 커피하우스에서 해상신문을 발간하여 해상무역과 관련된 최신 정보를 제공함으로써, 해상보험에 필요한 투자자, 선박회사, 보험회사들의 만남의 장을 제공하게 되면서 점점 로이즈(Lloyd's) 커피점은 영국의 해상보험을 이끄는 플랫폼 역할을 하게 되었다. 이렇게 시작한 로이즈는 다양한 법적 제도적 장치가 보완되면서, 현재는 해상보험 뿐만 아니라 일반적으로 상품화 할수 없는 특별한 위험과 거대위험 또는 보험사들의 초과보험을 거래하는, 보험회사 중심의 보험산업과는 다른 방식으로 위험과 자본을 연결하는 보험 거래시장으로 성장하였다.

로이즈를 보험마켓이라 부르는 이유는 로이즈는 보험회사가 아니라 보험거래를 할 수 있는 장소이기 때문이다. 5,000명이 넘는 사람들이 로이즈 시장을 통하여 매일 약 1,600억의 보험료 매출을 발생시키고 있으며, 매일 1,300억의 보험금이 지급되고 있다. 로이즈 마켓에서 연간 60조원 이상의 보험료에 해당하는 리스크가 거래되고 있는 셈이다.

로이즈 마켓에 입점한 "신디케이트"라고 불리는 개별 자본들은 각자 리스크를 인수하는 조직인 MGA(Managing Agency)와 전문 언더라이터를 고용하여, 담보하는 리스크에 가격을 정하고 상호 합의함으로써 "리스크 전가"에 해당하는 보험계약이 이루어진다.

신디케이트(Syndicate)의 사전적 의미는 "연합체"로서 시장에서 여러 기업이 출자하여 만든 공동판매회사를 의미한다. 현재 로이즈에는 약 75개의 신디케이터가 입점하여, 400개 이상의 등록 브로커회사의 직원들이 가져오는 물건(리스크)을 때로는 공격적으로 때로는 보수적으로 인수 경쟁을 통하여 거래를 한다. 보험회사에 해당하는 신디케이트는 영업활동에 해당하는 언더라이팅 업무만을 수행하고, 나머지 제반 관리업무는 시장을 관리하는 로이즈(회사)에 관리비용을 지불한다. 롯데백화점에 입점한 명품관이나, 동대문시장의 두산타워에 입점한 수많은 업체들과 유사한 형태이다.

로이즈 시장의 장점은 리스크를 전가 혹은 담보 받고자 하는 수요가 있으면, 시장원리를 통하여 매우 신속하고 적절하게 가격이 결정되고 계약이 체결된다는 점이다. 따라서, 영국은 물론 미국과 유럽 그리고 아시아 시장에서 조차 일반보험회사가 단독으로 인수하기 어려운 다양한 종류의 보험 리스크가 로이즈 마켓을 통해서 거래되고 있다. 그러다 보니 로이즈 마켓을 중심으로 세계 유수의 보험사, 재보험사, 중개사 그리고 보험관련 서비스를 공급하는 로펌과 회계법인 등이 자리하고 있다.

5만명 정도의 인원이 보험관련 업무에 종사하고 있으며, 언더라이터, 브로커, 변호사, 회계사와 같은 공통의 업무를 통해 다양한 모습으

로 비즈니스 네트웍이 형성되어 있다. 그야말로 로이즈 시장은 현대적 의미의 P2P (peer to peer) 거래를 300년 이상 발전시켜 왔고, 앞으로도 새로운 종류의 리스크는 로이즈 시장에서 거래될 가능성이 높다.

   300년이 넘는 세월을 통해 매우 독특한 모습으로 보험산업을 이끌고 있는 영국의 로이즈 마켓을 보면서 우리 또한 K-pop 과 K-bio를 통해 입증한 한국인 특유의 창조적인 문화가 보험산업에서도 발현될수 있기를 기대해 본다. 우리의 후배들이 국내 보험영업환경의 한계를 넘어, 글로벌 시장에서 냉철한 이성과 실력을 갖춘 언더라이터가 되거나, 뜨거운 열정과 시장에 대한 안목으로 리스크와 담보할 자본을 연결 시켜줄 세계적인 브로커 인재들로 성장하는 모습을 보고 싶다.

06
보험회사의 채권투자
안전성, 수익성, 유동성

　나는 전공이 토목공학이고 부장까지의 경력이 건설공사보험을 중심으로 한 기술보험의 위험조사와 사고발생시 보험금 지급심사 업무가 대부분이다보니, 임원으로서 역할을 제대로 감당하기 위해 부끄러움을 무릅쓰고 직원들에게 묻고 또 묻고, 책을 통해서 이론을 익히는 등 열심히 노력해왔다. 그 덕분에 지금은 경제이론을 포함한 금융시장의 매커니즘, 금융당국이 정책금리를 결정할 때 고려하는 환율, 물가, 통화량, 실업률 등의 관계를 이해할 수 있는 안목을 갖추게 된 것 같다.

보험회사의 리스크관리책임자(CRO)나 재무담당(CFO) 임원이 기업가치를 지속적으로 제고하기 위해서는 (1)리스크관리 개념에 대한 정확한 이해와, (2)재무관리와 회계원칙의 공통점과 차이점에 대한 이해를 토대로 (3)리스크관리와 연계한 자산운용 전략 수립이 필요하다.

그중에서도 기업가치 제고와 가장 직접적으로 연관된 것은 세번째 항목인 (3)리스크관리와 연계한 자산운용 전략수립이라고 생각한다.

보험회사의 경영은 보험계약을 통한 매출로 성장동력을 확보하고, 자산운용을 통하여 안정적인 수익을 누리는 구조이다.

보험회사 매출의 원천이 되는 보험계약은 보험급부(Coverage: 미래에 보험금 지급) 제공을 전제로 보험료를 먼저 받게 되는 채무계약이므로, 보험회사의 매출 증가는 필연적으로 보험료 부채의 증가를 의미한다. 따라서 보험회사는 보험금 지급의무가 종료될 때까지 채무이행에 필요한 자산이 부족하지 않도록 "안전하면서도 충분한 투자수익"을 통하여 보험금 지급재원을 잘 유지하여야 한다. 보험회사의 자산운용을 채무이행을 근거로 안전한 자산에 투자하되(안전성), 경영에 필요한 사업비와 배당이 가능한 수준의 충분한 수익이 달성되도록(충분성) 자산운용 전략을 수립하는 이유이다.

그러나, 투자에 있어서 "안전성"과 "충분성"의 두가지 요소는 서로 배치되는 개념이다. 안전한 자산은 충분한 수익을 주지 않고, 충분한 수익을 주는 자산은 결코 안전하지 않다. 금융시장에서는 고위험 고수익(High Risk High Return) 저위험 저수익(Low Risk Low Return)의 시장원리가 철저하게 적용되고 있기 때문이다. 보험회사가 자산운용 전략을 수립할 때 딜레마가 발생하는 이유이다.

자산운용은 주식이나 부동산과 같이 손실가능성이 있음에도 불구하고 고수익을 누릴수 있는 위험자산과, 손실가능성은 적으나 기대수익이 작은 채권과 같은 안전자산으로 분류할 수 있으나, 경제상황과 금융시장의 변동성에 따라 안전자산의 기준이 변동하므로, 회사마다 각자의 기준을 가지고 안전자산 기준을 설정할 필요가 있다

보험회사가 대부분의 자산운용을 채권투자 중심으로 하는 이유는, 채권이 주식이나 부동산, 대출 혹은 대체투자와 비교하여 안전하

면서도 충분한 수익을 줄 수 있는 투자대상으로 인식되고 있기 때문이다.

자산운용 전략수립에 있어서 "안전성과 수익성" 못지 않게 중요한 요소는 "유동성"이다. 유동성이란 자산을 현금으로 전환시키는 것을 의미한다. 보험회사가 유동성을 필요로 하는 상황은 보험금이나 해약환급금을 지불해야 하는 상황에서 주로 발생하는데, 회사가 예측한 것보다 더 큰규모의 유동성이 필요한 상황이 종종 발생하기 때문이다. 채권은 다른 자산과 달리 채권을 거래할 수 있는 채권시장이 존재함으로 인하여 매우 편리하게 유동성을 확보할 수 있다.

현재 우리나라는 채권의 발행조건과 절차를 법으로 정하여 엄정히 관리하고 있으며, 발급주체의 신용등급과 시장의 수요와 공급에 따라서 발행가격이 결정되는 등 채권을 자유롭게 거래할 수 있는 투명한 채권시장이 형성되어 있다.

보험회사는 채권시장을 통하여 언제든지 목적에 맞는 다양한 종류의 채권을 구입 혹은 매각할 수 있다. 따라서, 채권은 안전성, 수익성, 유동성을 모두 갖춘 매우 매력적인 투자 대상이라고 볼 수 있다.

보험회사의 리스크나 기획 혹은 재무관련 업무를 담당하는 직원들이, 다양한 종류의 채권이 발행되는 목적과 발행이자율, 채권시장에서 채권가격이 결정되는 매카니즘은 물론 경제상황 전반에 대해 잘 이해하여 기업가치를 지속적으로 제고할 수 있기를 기대해 본다.

07
보험회사의
유동성리스크 관리의 중요성

 금융산업은 종종 산업의 피라고 하는데, 금융산업이 문제가 되면 경제 주체인 가계, 기업은 물론 국가경제 마저도 큰 혼란에 빠지게 된다.

 지난 한달간 국제 금융시장은 매우 긴박한 상황을 맞이하였고 지금도 그 여파가 계속되고 있다.

 3월 10일 미국의 자산기준 16위권의 실리콘밸리은행(SVB)이 파산하였고, 3월 19일에는 약 167년 전통을 자랑하던 스위스의 두번째 규모의 은행인 크레딧스위스(CS) 은행이 정부 주도로 UBS와 전격적으로 합병케 되었다. 독일의 대형은행도 위험하다는 소문이 나돌고 있는데 그나마 우리나라 은행들이 이런 이슈에 휘말리지 않는 것은 너무나도 다행한 일이다.

뱅크런(Bank-Run)이란 예금자가 예금을 인출하러 은행으로 달려가는 상황을 의미한다. 은행의 경영부실이 예상될 경우 늦게 도착하는 사람은 예치한 자금을 인출할 수 없는 상황이 발생하기 때문이다.

CS는 투자실패에 따른 자산감소로 인한 건전성 악화를 해결하기 위해 시도한 추가자본 확보가 실패로 돌아가며, 신용등급 하락이 예상됨에 따라, 자칫 발생할 수도 있는 뱅크런을 방지하기 위해 스위스 정부가 선제적인 조치를 취하게 되었다.

반면 SBV 은행의 경우는 실리콘밸리 밴쳐기업들의 든든한 후원자 역할을 하고 있었음에도 불구하고, 급격한 보유자산 가치하락으로 인해 은행 건전성에 불안감을 느낀 예금주들이 동시에 예금을 인출함으로서 발생한 전형적인 뱅크런(Bank-Run) 파산이다.

SBV은행이 보유한 자산의 상당부분이 세계에서 가장 안전하다고 인정받던 미국의 장기국채인 점을 고려하면 실로 어처구니 없는 상황이 발생한 셈이다.

채권투자이론의 전문가인 마경환 씨의 <채권투자 핵심 노하우>에 따르면, 장기채권은 날카로운 칼과 같아서 거의 주식에 맞먹을 정도로 수익과 손실의 변동성이 높다고 한다. 이는 듀레이션이 초장기로 길기 때문에 채권가격의 변동폭이 듀레이션에 금리변동폭을 곱하여 계산됨을 고려하면 지극히 당연한 결과일 수 밖에 없다.

(※듀레이션 : 채권에서 발생하는 현금흐름의 가중평균 만기를 의미하며, 투자자금의 평균회수 기간을 연수로 표시한다.)

이러한 상황은 국내 보험사들 또한 동일하게 겪고 있는 어려움이다. 이러한 상황을 사전에 방지하기 위해서는 유동성리스크를 잘 이해하고 충분한 시간을 가지고 대응하여야 한다.

유동성이란 액체와 같이 흘러 움직이는 성질을 의미하는데, 금융 용어로는 기업이나 금융기관이 보유한 자산을 즉시 현금으로 바꿀수 있는 능력을 의미한다.

Wikipedia는 유동성리스크(Liquidity Risk)를 다음과 같이 정의한다.

Liquidity Risk is the risk that a given security or asset cannot be traded quickly enough in the market to prevent a loss (or make the required profit).

유동성리스크란 유가증권이나 자산의 손실이나 기대이익이 하락하는 것을 방지하기 위하여, (보유한)유가증권이나 자산을 시장에서 "충분하고도 빠르게" 거래할 수 없는 상황을 의미한다.

유동성 리스크를 관리하는 목적은 자산의 손실이나 기대이익을 방지하는 것이고, 그러기 위해서는 신속히 거래할 수 있는 시장환경이 조성되어 있어야 하는데, 우리나라 채권시장의 규모는 아시아에서 3번째일 정도로 비교적 큰 시장이라고 할 수 있다.

보험회사가 미래에 발생할 금리, 환율 및 유동성 리스크를 최대한 줄이고 안정적인 수익을 유지할 수 있도록 관리하는 것을 ALM관리 (Asset Liability Management)라고 한다.

특히, 자산의 Duration과 부채의 Duration을 일치시키는 것을 면역화라고 하여, 어떤 바이러스가 오더라도 견딜 수 있는 가장 안전한 자산부채종합관리 원칙으로 인식되고 있다.

그러나, SVB 은행 사례가 보여주듯이, 매우 가파르게 금리가 상승하는 시기에는 자산의 현재가치가 급격히 감소하는 반면, 실제 갚아야 할 부채의 현재 가치는 그다지 크게 변하지 않으므로, 면역화를 하더라도 실질적인 자본부족 현상을 피하기 어렵다.

따라서, 보험회사의 재무나 리스크관리 직원들은 자산과 부채의 현재가치를 평가하고 유동성리스크를 이론적으로 이해하는 것을 넘어서, 다양한 유동성리스크 관리 실패사례에 대한 case study를 통하여 실패의 원인을 반드시 이해하여야 한다.

또한, 코로나 사태, 우크라이나 전쟁은 물론 미중분쟁과 갑작스런 국제원유가 인상 등 다양한 국내외 경제환경의 변동성에 따른 정책금리 및 시장금리의 변화의 인과관계와 이에 따라 필연적으로 대두될 유동성리스크를 보다 다양하고 다이나믹한 분석을 통해 선제적인 유동성리스크 관리 방안을 강구할 수 있는 역량이 꼭 필요함을 강조하고 싶다.

08

창의적인 상품개발은 보험산업의 미래를 바꿀수 있다

지난 10월27일 상공회의소에서 "제7회 보험산업 발전을 위한 대학생 아이디어 공모전"이 열렸다. 참가 규모가 크지는 않았으나, 한중일 3개국 대학생 10개팀이 참가한 자그마한 국제대회였다. 학생들이 발표를 마친 후, 나는 "보험과 경제발전"이란 특강을 통해 경제가 발전하는 과정에서 보험산업이 기여하는 부분을 설명하였다.

17세기 영국이 해상무역과 식민시장 확장을 통해 "해가 지지 않는 나라"를 건설할 수 있었던 것은, 산업혁명을 통한 면직물의 대량생산과 운송체계 개선 그리고 강력한 해군력을 동반한 해상무역 장악과 식민시장 개발이 주된 원인이라고 할수 있다. 그리고, 로이즈 카페를 통해 시도된 해상보험을 통해 중산층의 자본이 안심하고 해상무역에 투자할 수 있는 환경을 만들어 준 것 또한 중요한 원인이다.

해상무역으로 영국의 부가 지속적으로 증가하는 과정에서 자연스럽게 중산층이 확장되었으며, 런던에서 발생한 대화재로 인해 화재보험이 개발되고 회원이 사망할 경우 유가족에게 일정한 연금을 지급하는 생명보험이 등장하였다.

일반적인 계약이 구체적인 실물거래가 수반되는 것과 달리, 보험계약은 무형의 위험을 거래하는창의적인 발명품으로, 이를 확장하여 보험산업을 성장시킨 영국 사람들의 지혜와 창의성은 매우 주목할 만하다. 해상무역의 확대로 인하여 영국 국민의 부가 증가하였을 뿐만 아니라, 보험산업의 발전은 국가를대신하여 국민의 재산과 생명을 보호하는 매우 효율적인 시스템으로 정착되어, 영국 국민이라면 누구라도 비즈니스는 물론 노후생활에 대해서도 크게 염려할 필요가 없는 안전한 사회가 되었다.

우리나라에서 창의적인 방식으로 보험담보를 개발한 사례중 가장 주목할 만한 것은 교보생명이 1958년에 출시한 "진학보험"이다. "진학보험"은 자녀가 대학에 진학시 입학금이나 학비가 부족하여 대학진학을 포기할 수 밖에 없었던 안타까운 현실을 경험하는 과정에서, 가난하지만 높은 교육열을 가진 한국인의 정서와 "사회적 필요"

에 가장 잘 부합하는 기발한 교육보험 상품이었다. 교보생명은 교육보험을 기반으로 파죽지세로 성장하여, 업계 6위에서 단숨에 업계 1위로 도약하는 비약적인 성장을 하였을 뿐만 아니라, 1979년에는 광화문에 24층짜리 '교보빌딩'을 짓고 지하 1층에 교보문고로 만듦으로써, 서울시민들이 가장 즐겨 찾는 만남과 독서의 장을 제공하였다.

교보생명이 업계 6위에서 단숨에 1위로 올라선 배경은 다름아닌 가난하지만 높은 교육열을 가진 한국사회에 꼭 필요한 상품을 개발하여 적극적으로 판매하였다는 점이 가장 큰 비결일 것이다. 교육보험

은 그 참신함이 인정되어 1983년 국제보험회의로부터 세계보험대상을 수상하기도 하였다.

교육보험의 성장을 통해 거둔 교보생명의 성과는 70년대 이후 우리나라 경제가 고도로 성장하기위한 산업자본 공급역할과 경제성장으로 인해 중산층이 확장되어 지속적으로 보험산업이 발전하게 되는 마중물 역할을 하였다고 볼수 있다.

그러나, 지금 우리나라의 보험산업은 창의성과 적극성이 점점 사라지고 있다. 사회적 필요에 따른 새로운 보험상품을 적극적으로 개발하기 보다는, 이미 검증된 영역에서 마른 수건을 짜듯이 상품을 변형하는 형태의 개발만 하고 있지는 않은지 염려스럽다. 사회적 필요와 상관없이, 상품을 개발하여 영업만 열심히 하면 이익을 확보할 수 있을 것이라는 안이한 생각은 무분별한 영업경쟁을 양산하고, 이러한 영업경쟁은 보험소비자들의 강한 거부감만 야기할 뿐이다.

보험산업이 지속적으로 발전하기 위해서는, 무엇보다도 시대적 변화에 따른 "사회적필요"를 상품개발과 잘 연결하여야 한다. 사회적 필요에 부합하는 획기적인 보험상품은 회사를 일류회사로 만들 수 있을 뿐만 아니라, 우리나라의 보험산업이 지속적으로 발전할 수 있는 계기가 될 것이기 때문이다.

이러한 측면에서 한국보험신문이 일본의 보험매일, 중국의 은행보험신문과 공동으로 대학생 보험상품 아이디어 공모전을 개최하고 있는 것은 매우 의미있는 행사로서 보험업계가 더 많은 관심과 후원을 할 필요가 있다. 미래 시대의 주인공이 될 대학생들의 시각에서 바라보는 참신한 아이디어는 보험회사들이 당장 채택하기에는 현실성이 부족해 보이더라도, 사회적 필요에 의해서 보험상품이 꼭 개발되어져야 할 영역이 될 수도 있기 때문이다.

더 나아가 참신한 대학생들의 아이디어에 대하여 적정한 가치가 매겨지고 특허와 같은 형식으로 지적재산권이 보장된다면, 보험상품 개발영역에 있어서도 벤쳐기업과 같은 건강한 생태계가 만들어 질 수 있을 것이다.

과거 영국에서 출발한 고전적인 형태의 보험상품이 IT강국인 한국에서 새로운 K-보험의 형태로 다양한 창의적인 상품이 개발될 수 있기를 기대해 본다.

09
보험산업은 **재난과 더불어 성장**한다

지난 12월 8일 한국 리스크관리학회는 코리안리재보험과 공동으로 기후리스크를 주제로 한 국제세미나를 개최하였다. 홍콩HSBC의 티모시 챙 부장과 일본 손보협회의 타카시 타네무라 상무가 주제발표를 맡고, 경희대학교의 이봉주 교수를 좌장으로 패널토론을 하였다.

한국리스크관리 학회의 기후리스크 T/F는 2022년부터 정기적인 포럼과 세미나를 개최해 왔으며, 이제는 국제세미나를 개최할 정도로 외연이 확장되었다.

기후위기로 인한 변동성 증가는 또다른 재난과 비용상승을 의미한다. 폭우와 폭설, 폭염과 혹한등 과거의 통계로 예상하는 범위를 넘어서는 기상 이변이 발생하기 때문이다.

　세미나를 통하여 기후리스크로 인한 재난적 요소와 보험을 통한 다양한 해결방안 사례가 소개되고 보다 더 창의적이고 발전적인 제안을 통하여, 우리나라에 적용 가능한 상품개발 아이디어가 제공될 수 있을 것이다. 예를 들어, 기상이변에 대한 지수형보험 상품은 실제 피해와 가장 근접하게 보상할 수 있는 솔루션이 개발된다면, 손해사정 업무와 보험금 합의에 대한 시간과 노력이 획기적으로 단축될 수 있다.

　우리나라의 보험산업은 1960년대 이후 비약적인 경제발전으로 인한 산업시설의 확장과, 중산층 인구의 확산으로 인하여, 손해보험과 생명보험 모두 보험료 규모에서나 보험업계 종사자 면에서 괄목할 만한 성장을 기록하였다.

　교육비가 모자라 자녀를 진학시키기 어려웠던 시기에는 진학보험을 통하여, IMF를 겪음으로 인해 가장의 무게가 가장 무거웠던 시기에는 종신보험을, 그리고 건강보험의 재정 부족으로 시작된 실손보험은 과잉진료와 부정적인 보험금 수령과 같은 논란에도 불구하고 국민 의료 복지를 책임지는 민영건강보험 역할을 맡고 있어서, 보험회사의 실손보험은 실제로 의료산업을 지탱하는 역할을 감당하고 있다.

　자동차 보험과 운전자 보험은 가파른 산업화 과정에서 자칫 위험할 수도 있었던 우리나라의 교통과 운전문화를 안정적으로 만드는 데 기여하였고, 해외여행을 위한 여행자보험등 우리 주변에 산재한 많은 보험상품 덕분에 우리사회가 불안과 염려로부터 해방되고 상호 신뢰가 확대되어, 짧은 기간에 선진국 다운 안정적인 사회적 분위기를 만드는 데 기여하였다.

일반적으로 재난은 성장을 저해하는 요소이나, 매우 아이러니하게도 보험산업은 재난과 더불어 성장한다. 보험산업이 발전한 국가에서 태풍이나 홍수, 지진과 같은 재난이 발생되면 대규모 보험금 지급을 통하여 국가와 국민이 겪게 될 경제적 어려움이 어렵지 않게 해결될 수 있기 때문이다.

재난으로 부터의 회복력을 레질리언스(Resilience) 라고 한다. 레질리언스 기능 즉 재난으로 부터의 획복력은 보험산업이 국가와 사회에 기여하는 가장 큰 역할이다. 레질리언스 즉 회복력은 국가와 사회를 빠른 속도로 재난 이전의 상황으로 전환시킴은 물론이거니와, 보험사가 제시하는 강화된 재난 대비책을 통하여 보다 더 안전하고 탄탄한 사회를 구축할 수 있기 때문이다.

보험산업이 발달하지 않은 국가에서 발생하는 재난은 그야말로 재앙이다. 세금 이나 국민의 성금 혹은 외국의 원조에 의존하는 복구절차는. 비용조달의 속도면에서 매우 느릴 뿐만 아니라 비용의 지급에 있어서도 매우 비효율적인 상황이 발생하게 되기 때문이다. 그리고, 재난 복구에 대한 추가적인 비용은 결국 국민이 부담해야 할 세금의 증가를 의미하므로, 재난이 발생하면 그 만큼 국가는 더 가난해진다. 따라서, 국가재난에 대한 가장 효율적인 예방책은 보험산업의 발전이라는 것은 지나친 결론이 아닐 것이다.

이외 같은 보험산업의 사회적 기여에도 불구하고, 보험산업의 성장에 대한 우리 사회의 부정적 인식이 만연해 있음은 반성할 필요가 있다. 이는 보험산업이 성장하는 과정에서 보험회사들의 지나친 영업경쟁으로 인해 보험소비자들이 다소 피곤함을 느끼는 단계에 이르렀기 때문이다.

리스크관리 학회가 주관하는 기후리스크에 대한 다양한 세미나를 통해서, 보험산업으로 기후위기로 인한 재난을 이해하고 관련된 상품이 제공될 수 있도록 다양한 논의가 지속적으로 확장될 수 있기를 기대해 본다. 새로운 담보를 계속해서 발굴하는 것이야 말로 보험산업을 지속적으로 발전시킬 수 있는 성장동력이 될 수 있기 때문이다.

이제는 보험산업 스스로 성장동력을 창출하여 다른 산업이 성장할 수 있도록 창의력 발휘가 필요한 때이다.

10

보험산업은 **건설산업의 위기를 타산지석**으로 삼아야 한다

　시공능력평가 16위 대형건설사인 태영건설이 작년 12월28일에, 부도를 피하기 위하여 재무구조 개선을 위한 워크아웃을 신청하였다. 태영건설 뿐만 아니라, 크고 작은 수많은 건설회사 들이 부도위기에 직면하고 있다고 한다.

　우리나라 건설산업은 과거 수십년 동안 최고의 기술력을 통해 가장 경쟁력있는 가격으로 수많은 해외 프로젝트를 수행했을 뿐만 아니라, 국내에서도 도로, 철도, 항만 등 다양한 인프라 건설과 주택이 부족했던 시기에, 수도권의 수많은 아파트 건설을 통해 우리나라가 중진국을 넘어서 선진국에 진입하기 까지 중추적 역할을 담당해 왔다.

그러나, 2000년대 이후로 해외시장에서의 경쟁력이 점점 약화되고, 국내에서도 인프라시설에 대한 수요 감소로 인하여, 많은 건설회사들이 수익성이 높다고 판단되는 아파트 건설사업에만 집중하는 불안정한 상황이 수년간 지속되었다. 분양율이 낮을 것으로 예상되는 지역에서, 무리하게 사업을 진행하면 시장의 수요를 넘어서는 초과공급이 발생하기 마련이다. 아파트 초과공급에는 시장수요를 무시한 건설사의 무모한 사업진행과 부동산 프로젝트 파이낸싱(PF)가 그 중심에 있다. 금융기관을 통해 조달된 프로젝트 파이낸싱(PF)이란 형식을 통해, 분양율이 다소 낮더라도 시간이 지나면 해결될 수 있을 것이라는 안이한 시각이 시장 전체에 확산되었다.

굳이 케인쯔의 유효수요 개념과 경기순환 개념을 언급하지 않더라도, 유효수요를 넘어서는 초과공급은 필연적으로 재고로 남게 마련이다. 제조업에 비유하면 판매되지 않거나 판매할 수 없는 재고가 발생하는 셈이다. 의류산업의 경우 재고가 발생하면 이월상품으로 염가에 할인하여 재고떨이를 하여야 한다. 그렇지 않으면 상품성도 떨어지고 보관료도 지속적으로 발생하여 값비싼 대가를 치르기 때문이다. 따라서, 어떠한 산업이건 수요자의 필요를 예측하여 공급량을 결정하는 것은 매우 필수적 요소이다. 따라서, 현재의 부동산 P/F로 촉발되고 있는 건설산업의 위기는 유효수요를 초과한 초과공급이 그 원인이라고 할 수 있다.

건설산업의 위기를 보면서 우리나라 보험산업의 미래에 대해서도 걱정하지 않을 수 없다. 건설산업이 유효수요를 초과하는 아파트 공급으로 인한 문제라면, 보험산업에서는 과도한 판매경쟁으로 인하여 실제 보험소비자가 필요로 하는 것보다 과다한 판매채널이 만연해 있기 때문이다.

보험회사의 경쟁력이 판매조직의 규모에 의해 좌지우지 되는 것이 마치 당연한 것처럼 여겨지고, 판매조직 확대를 위한 경쟁이 점점 확대되고 있다. 보험회사의 경영진은, 소비자가 필요로 하는 상품을 공급하기 위해 노력하기 보다는 판매조직을 독점 혹은 과점화하여 판매의 주도권을 잡는 것을 더 중요한 요소로 생각하는 것 같다.

보험회사의 운영조직을 슬림화하여, 공급비용을 최소화하고 저렴한 가격에 보험 서비스를 공급코자 하는 노력은 여러가지 이유로 번번히 실패하고 있는데, 단기적으로 그 성과가 눈에 보이는 것이 아니기 때문이다.

"로빈슨 크루소"의 작가인 영국의 소설가 다니엘 디포는 그의 에세이에서 프로젝트에 대한 효용성을 다음과 같이 강조한바 있다.
"프로젝트의 시작은, 필요는 발명의 어머니라는 말처럼, 우리 인류는 만들 만한 가치가 있다면 인간의 지혜가 매우 강력하게 작동하여 반드시 필요한 것을 만들만한 힘과 능력이 있다." 이러한 과정을 거쳐서 수많은 프로젝트가 착수되고 성공하는 과정을 거쳐서 인류의 문명이 발전하게 되었고 지금도 그 역사는 계속되고 있다.

우리는 프로젝트라는 명칭을 무가치하게 남발할 게 아니라, 정말로 우리사회에 반드시 필요한 것을 만들기 위한 창조적인 개념에도 적용할 필요가 있다. 건설분야의 천편일률적이고 진부한 아파트공급 위주의 부동산 프로젝트가 아니라, 우리나라의 지속가능한 발전을 위해 필요한 다양한 분야에서 프로젝트를 발굴하고 시작하여야 한다. 결혼장려 프로젝트, 출산지원 프로젝트, 육아프로젝트, 교육문제 해결 프로젝트, 도시기능 살리기 프로젝트, 친환경 프로젝트 등 다양한 프로젝트가 절실히 필요하다.
또한, 보험회사들도 우리사회가 절실하게 필요한 다양한 상품을 개발하는 프로젝트를 시작하여야 한다. 사회가 필요로 하는 상품을 소비자가 원하는 가격에 공급할 수 있다면 소비자와 시장은 반드시 반응하기 마련이고 그래야만 우리보험산업이 건설산업이 겪고 있는 어려움을 피할수 있을 것으로 예상되기 때문이다.

11
신회계제도의 올바른 정착을 위하여
(IFRS17)

중학교 시절인 70년대 후반에, 남학교의 경우 농업이나 공업 혹은 상업을 선정하여 학생들에게 교육하였는데, 나는 대구에 소재한 모 중학교에서 2년간 "상업" 교육을 받았다.

"상업"과목을 통해, 약속어음과 환어음의 차이, 무역과 보험에서 필수적으로 다루는 선하증권과 신용장(L/C, Letter of Credit)을 발급하는 이유, 선하증권을 담보시 출발지와 도착지의 운송수단에 따른 증권가격의 변화등 실물경제와 직접 연계된 여러가지 용어들을 배우고 이해할 수 있었다. 실습을 통해 단식부기와 복식부기를 기장하는 방법도 공부하였는데, 중학교때 배운 부기지식은 이후 건설회사의 건설회계와 보험회사의 보험회계를 이해하는 데 매우 큰 도움이 되었다.

　"부기"에서 요구하는 자산과 부채의 의미, 대차대조표 작성과 대차평균의 원리등은, 당시 중학생으로서 이해하기에는 상당히 어렵고 고통스런 부분이 있었으나 나는 매우 흥미롭게 공부하였다. "상업"이란 용어는 BC 2천년경 중국 춘추전국시대 이전의 상나라(은나라)에서 기원한다고 한다. 주나라에게 나라를 빼앗겨 실의에 빠진 상나라 사람들이 장사를 통해 돈이나 벌자고 열심히 장사에만 매진하였는데 이러한 상나라 사람들의 생업을 일컬어 "상업"이라고 하였다.

　상업활동에 필요한 "부기" 개념은 고대 메소포타미아나 바빌론 시대까지 거슬러 올라가지만, 현대적 회계개념에 가까운 복식부기 개념은 중세 이스라엘의 유대인 공동체에서 개발되어, 영국을 포함한 유럽에서 주식회사 제도가 발전함에 따라, 외부 공시를 위한 "재무회계"는 물론 내부의 목표 설정 및 성과를 관리하기 위한 "관리회계" 또한 비약적으로 발전하게 되었다.

　언제 부터인지 우리 사회에서도 부기라는 표현은 사라지고, 통합 재무관리 개념인 ERP(Enterprise Resource Planning)와 "회계"라는 용어로 대체 되었다. "비즈니스 언어"라고 불리는 회계는 조직의 경제활동 결과를 측정하고 이 정보를 투자자, 채권자, 경영진 및 규제 기관을 포함한 다양한 이해 관계자에게 전달한다.

　회계제도를 통하여 투자자를 위한 공시의 투명성이 확보될 수 있고, 기업의 수익을 평가하여 적정한 규모의 세금을 징수할 수 있다.

또한 기업이 달성한 이윤은 세금을 통하여 국가와 사회에 기여하는 동시에 배당금을 통해 주주가치를 실현하게 된다.

보험수익은 다음과 같은 방정식으로 정의할 수 있다.

보험수익 = (보험료+투자수익)-(보험금+제비용)

보험수익이 발생하려면 (보험료+투자수익) - (보험금+사업비) >0 의 부등식이 만들어 지는데, 신계약가치로 인식되는 VNB(Value of New Business)는 물론 보유계약가치인 VIF(Value In Force) 또한 수익이 발생하려면 위 부등식을 반드시 만족하여야 한다.

보험회사가 영업이익을 증가시키려면, 보험료와 투자수익은 극대화하고 보험금과 사업비는 최소화하려는 정책을 지속적으로 유지하여야 한다.

그러나, 시장 경쟁으로 인해 보험료 수준을 높이는 데는 한계가 있고, 투자수익율 증가 또한 매우 제한적이며, 상품경쟁으로 인한 위험율 증가로 인해 보험금 지급 또한 지속적으로 증가하고 있다. 실제로 실손 보험의 경우, 이익은 고사하고 과다하게 발생하는 손실을 제어하기에 급급한 상황이다. 인건비 증가와 판매채널 수수료의 지속적인 상승으로 인해 보험산업 전체의 사업비율 또한 증가하고 있어서, 보험산업 전체 수익성은 갈수록 악화되고 있어서 보험산업의 미래가 암울한 상황이다.

새롭게 되입된 국제회계기준인 IFRS17 에서는 보험회사의 이익지표를 CSM(Contract Service Margin)을 산정하여 표현하게 되는데, 일부 회사의 CSM 즉 수익성 규모가 매우 큰 폭으로 증가하였다는 소문이 들리고 있다.

새로운 회계제도로 인해 낯선 용어들 (BEL, CSM, RA)이 많이 등장하고 있어서 보험회사의 자본상태와 수익성을 직관적으로 이해하기 어렵다고 한다. 그러다 보니, 회사별로 산출된 CSM 규모가 과연 실제 수익성을 반영하고 있는지 회의적인 목소리도 들린다.

회계기준의 변경이 새롭게 수익을 만들리 없으므로, 새로운 수익성 지표는 과거에 달성한 수익성 규모와 부합하여야 한다. 만일 과거의 수익성을 초과하는 결과가 나온다면 계산과정에서 인식의 오류가 있을수 있다.

하루속히 새로운 회계제도가 잘 정착되어, 모든 이해당사자들이 보험회사의 기업가치를 더 잘 이해하고 보험산업이 더 발전할 수 있기를 기대해 본다.

12
IFRS17도입으로 인한 분식회계의 유혹을 극복해야 한다.

2001년 미국의 대표적인 에너지 기업이었던 엔론사가 영업실적을 부풀리기 위해 적자분을 공표하지 않고 외국에 투자한 것처럼 위장한 사실이 밝혀졌다. 그 유명한 엔론사태였다. 그 결과, 한때 90달러이던 주가가 36센트까지 하락하여 주주는 물론 채권자들에게도 큰 손해를 입고 결국은 파산하였다.

우리나라에서 분식회계로 인해 가장 크게 문제가 된 사례는 2013년에 발생한 대우조선해양 사건이다. 대우조선해양은 무리한 저가수주로 인해 누적손실이 발생한 데다가, 글로벌 경기 악화로 인해 인도된 선박 대금을 제대로 받지 못하는 상황이 발생하였고, 해외사업의 수익성 악화로 해외 자회사의 손실이 급증하였다.

산업은행과 체결한 약정(MOU)상 영업이익을 달성할 수 없는 상황이 발생하여, 성과급 지급은 물론 임원들의 기본급 회수와 임직원 구조조정이 불가피 하여, 회계장부를 조작하는 어처구니 없는 상황이 발생하였다.

분식회계가 밝혀짐에 따라, 주가는 2014년의 고점에 비해 10분의 1정도로 폭락하였고 2016년 7월 검찰 기소로 주식 거래가 중단되어, 채권단은 물론, 공시된 재무상태를 믿고 투자한 일반 투자자들 마저 주가 폭락으로 큰 손해를 입게 되었다. 회계부정이란 분식회계, 회계조작, 꾸밈회계, 회계사기를 뜻하는 말로서, 다양한 방법으로 재무적인 변화를 허위로 조작하는 비도덕적인 불법 행위를 의미하는데, 주로 매출 혹은 이익을 부풀리거나 부채나 손실을 축소하는 경우에 해당된다.

지난 8월, 새로운 회계기준인 IFRS17기준을 반영한 2023년 상반기 보험회사들의 경영실적이 발표되었다. 53개 보험사의 당기순이익은 약 9조 1천억원 정도로 전년 동기대비 약 63%가 증가한 바, 생보사는 75%, 손보사는 56%가 증가하였다. 새로운 회계제도 도입으로 비용인식 기간이 확대되어 당기비용이 감소된 것과 일부 보장성 보험으로 인해 수익성이 대폭 상승되었다고 한다.

불과 수년 전 신제도 도입이 검토될 당시, 보험업계는 신제도 도입의 영향으로 자본부족을 염려하고, 보험산업 수익성 악화가 고스란히 공시되는 것에 대하여 상당히 불안하고 염려로운 상황이었다. 그런데, 지금은 신제도로 인해 이익이 확대 되었다니 매우 아이러니한 결과이다.

이전의 GAAP(Generally Accepted Accounting Principle)방식이 미국 등 일부 국가들만 사용하는 규정기반(Rule-Based)의 회계원칙 인데 반해, IFRS(국제회계보고기준)는 유럽연합, 호주, 홍콩을 포함한 약 130개 이상의 국가 또는 지역에서 사용되는 원칙기반(Principle-Based)의 회계제도이다 .

원칙기반(Principle-Based)의 회계를 도입한 목적은 보험회사간 재무제표의 비교가능성을 높이고, 재무제표 작성에 소요되는 노력과 비용의 절감이 가장 중요한 도입효과로 예상되었다.

또한, 보험회사의 부채량을 원가방식에서 시가방식으로 변경함에 따라, 보험회사의 자본 건전성에 있어서도 보험회사의 자본건전성을 의미하는 지급여력비율이 이전 보다 더 정확하게 산출되고 관리되는 효과가 예상되었다. 즉, 보험회사 경영의 옥석이 가려질 것으로 기대되었다. 그러나, IFRS17 도입 초기에 일부 CSM과다계상 혹은 CSM 상각에 따른 이익의 조기인식 등 실제와 다른 상황이 발생하고 있으며, 이러한 오류를 당연시 하는 인식조차 발생하고 있다.

그러나, 원칙중심(Principle-Based)의 회계는 세세한 규정이 없는 만큼, 자산,부채,손익을 산출함에 있어서 적용되는 계리적 가정과 회계적 가정은 합리적이고 예측가능한 결과를 산출하는 원칙준수 즉 도덕성과 회계윤리가 무엇보다 중요하다.

규정중심(Rule-Based)이었을 경우에는 규정에만 위반되지 않으면 아무 문제가 없지만, 원칙중심(Principle-Based)일 경우에는 설혹 규정을 잘 준수했다 하더라도, 산출 결과가 왜곡되는 상황이 발생하지 않도록 노력하여야 한다.

이유 여하를 막론하고 부채의 규모나 손익이 왜곡된다면, 원칙중심(Principle-Based) 회계기준에 반하는 것이고, 상장회사의 경우에는 개인투자자의 피해가 예상되어, 이로 인한 분식회계 논란에 자유롭지 않기 때문이다.

금융감독원 에서도 회계제도 변경을 이용한 악의적인 실적 부풀리기를 차단하기 위해 주요 계리적 가정에 대한 가이드라인을 마련하여 3분기부터 적용할 예정이라고 한다.

IFRS17 도입에 따른 상반기 실적공시에 있어서, 보험회사별로 경영실적에 대한 경쟁심리가 작동하게 됨은 당연한 현상이다. 그럼에도 불구하고, 자신들에 유리한 방향으로 계리적가정 과 회계적가정을 적용한다면 이것은 다름아닌 분식회계로 들어가는 매우 위험한 상황에 놓일 가능성이 높다.

보험회사의 경영층과 재무, 회계, 계리 업무를 맡고 있는 직원들의 회계윤리와 도덕성이 그 어느때 보다 더 절실히 요구된다.

13

의료산업을 먹여 살리고 있는
실손보험의 불편한 진실

실손의료보험 청구 간소화와 중개기관 선정을 위한 보험업법 개정안을 두고 14년동안 의료기관과 보험업계의 입장이 합의를 보지 못하고 표류하던 중, 지난 6월에서야 국회 정무위원회를 통과하여 보험업법 개정이 기대되고 있다.

실손보험 청구간소화란 환자가 의료기관으로부터 실손보험에 대한 서비스를 받으면 보험금 청구를 위한 별도의 서류 제출없이 바로 보험사가 직접 의료기관에 보험금을 지불하는 절차를 말하며, 이러한 업무를 수행하는 중개기관으로서는 자동차 보험을 포함하여 보험분

야에서 전문성이 검증된 보험개발원이 가장 유력하다고 한다.

그동안 의료계를 포함하여 환자단체, 노동계, 진보적 시민사회등 일부 사회단체들은 실손보험 청구가 간소화 되면 보험회사가 실손보험금 지급을 거절하는 용도로 활용되어 보험계약자가 불리한 입장에 취하게 될 것이라는 이유로 반대입장을 취하여 왔다.

실손 의료보험은, 공보험 영역인 건강보험공단에서 보장하지 않는 의료비 (※본인부담금 또는 비급여라고한다)를 지급하는 민영보험상품이다.

1977년 도입된 건강보험제도는 전국민이 혜택을 받게되는 국민보험제도가 되었으나, 비급여 부분의 지속적인 증가와 재정부족으로 인하여 건강보험 보장율은 60%에 불과한 상황에 이르게 되었다.

건강보험 재정악화에 대한 부분적인 해결책으로 2001년에 실손형 민영의료보험제도를 도입하여 국가가 재정을 늘리는 대신 민간보험사의 보험금 재원을 활용키로 하였고, 민간 보험사 또한 성장을 위한 새로운 포트폴리오로서 비급여 100% 보장이라는 1세대 실손보험을 판매하기 시작하였다.

그러나, 보험산업의 기회로 인식한 실손보험의 적자 규모는 년간 약 3조에 달하고 있다. 처음에는 일부 몰지각한 보험가입자들의 도덕적 해이와 의료기관의 과잉진료로 인한 의료쇼핑 정도로 인식되었으나, 점차 의료산업 전체로 확산되어 보험업계 혼자만의 힘으로는 통제하기 어려운 상황이 되어서 의료산업의 건전성 측면에서도 매우 심각한 상태가 되었다.

계약자가 납입한 보험료가 실손보험금의 재원임에도 불구하고 비급여 민영보험은 4천만명의 국민의 비급여 의료서비스를 부담하는 또다른 의미의 공공보험으로서의 역할을 수행하고 있는 셈이다.

보험사들의 노력을 비웃기라도 하듯, 도수치료, 체외충격파, 고주파열치료, 영양제 주사, 비급여 MRI 등 의료분야의 모든 영역에서 과잉진료가 만연하고 상급병실 이용, 한방, 치과, 안과 심지어 피부과 까지 소비자 선택치료와 의료쇼핑으로 인한 의료비용이 지속적으로 증가하고 있다. 보험연구원 분석에 의하면 2030년에 이르면 실손보험 누적손실이 약 100조원에 이를 것이라는 전망이다. 실손보험에 대한 국민적 인식이 변하지 않는 한, 손해율 개선을 기대하기는 어려울 것이라는게 전문가들의 인식이다.

IFRS17 도입에 따라 실손보험과 같이 미래의 손실이 예상될 경우 예상손실을 즉시 제무재표에 반영하고 공시하여야 한다. 실손보험 손해율이 개선되지 않는 한, 보험사는 실손보험 판매를 줄일 수 밖에 없으며궁극적으로는 실손보험 판매를 중단할 수 밖에 없는 상황에 처하게 될 수도 있다.

그렇게 되며, 건강보험에서 지원되지 않는 비급여 치료비용은 국민 개개인이 직접 부담하게 되고, 비급여 항목에 대한 의료기관의 서비스는 점차 줄어들게 되고, 새로운 재원이 확보되지 않는 한 민영 의료기관의 미래는 암울하게 될 것이다.

따라서, 의료기관은 물론 금융정책 당국 또한 실손보험에 대한 인식 변화와 손해율 악화를 보험사의 노력에 대하여, 단지 보험업계의 사업 영역으로만 남겨 둘 것이 아니라 국민 의료서비스 차원에서 실손보험 에 대한 가치와 인식제고에 동참하여야 한다.

보험업계 또한 반성할 필요가 있다. 보험산업이 사회에 미치는 기여와 역할에도 불구하고 보험산업에 대한 부정적 인식과 보험금 수령에 대한 비도덕적 행위가 근절되지 않는 한, 제2 제3의 실손보험 사태는 계속해서 발생할 수 밖에 없다.

보험 영업과 매출 경쟁에만 몰입할 것이 아니라, 판매된 상품에 대한 도덕적 해이가 발생하지 않도록 인수 심사와 손해사정 업무를 체계적으로 관리하여야 한다. 영업경쟁과 마켓쉐어 중심의 치킨게임식 경쟁 구도에서 벗어나, 국가와 국민을 위한 보험상품을 개발하고, 개발된 상품의 건전성이 잘 유지되어 회사의 지속가능한 수익원으로서 유지될 수 있는지 관리하여야 한다.

그러기 위해서는 손해사정을 위한 전문 손해사정업체의 역할과 전문성이 잘 유지될 수 있도록 최선을 다하여 노력하여야 한다. 손해사정 업무는 계약자의 도덕적해이를 방지하고 보험상품이 건강하게 잘 지속되도록 유지시켜 주는 소금과 같은 역할이기 때문이다.

14
보험산업의 **감독회계**와 **재무회계**는 **구분**되어하여야 한다

우리나라 보험산업의 선진화와 국제화를 위하여 새롭게 도입한 지급여력제도(K-ICS)와 회계제도(IFRS17)가 공식적으로 출범한지 1년이 경과하였으나 여전히 혼란스럽고 해결방안이 보이지 않는 것 같다.

신회계제도(IFRS17)의 도입으로 인하여 보험사가 자율적인 계리가정을 활용해 보험계약마진(CSM)을 산출하다보니, 이익은 당연히 커질 수 밖에 없지 않느냐는 인식이 보험업계를 지배하는 매우 아이러니한 결론에 도달하게 되었다.

이러한 문제를 해결하기 위해서는 재무건전성을 관리하는 지급여력제도(K-ICS)와 재무상황을 공시하는 회계제도(IFRS17)의 공통점과 차이점을 구분하여야 한다. 즉, 지급여력제도를 관리목적의 감독회계와 재무성과를 공시목적의 재무회계를 분리하여 관리할 필요가 있다.

1. 지급여력제도 (K-ICS)

지급여력제도는 보험회사의 재무건전성을 관리하는 제도이다.

재무건전성은 지급여력비율이 충분한지를 관리하는 개념으로서, 보험사의 순자산(가용자본)이 위기상황 발생시 요구되는 보험금 지급규모인 요구자본 보다 더 많아야 한다.

지급여력비율 = 가용자본(AC)/요구자본(RC)로 계산되며, 이 비율은 최소 100%, 적어도 150% 이상을 유지하여야 한다.

비율이 클수록 건전성은 높으나 지나치게 높으면 자본을 비효율적으로 사용하고 있다는 비난을 받을 수도 있다.

순자산(Net Asset Value) 혹은 가용자본(AC, Available Capital)은 자산에서 부채를 차감한 값이고, 요구자본(RC, Required Capital)은 200년 빈도의 비상위험 발생시 보험부채에 대한 채무불이행이 발생하지 않도록 요구되는 자본의 양으로 계산된다.

지급여력비율이 최소한의 건전성 기준인 100%를 맞추지 못할 경우, 금융당국이 보험회사의 경영에 개입하게 된다. 100~150%의 경우는 요주의 구간으로서 지급여력비율이 개선 혹은 악화 여부를 지속적으로 모니터링 할 필요가 있다.

자본이 부족한 회사는 일시적인 경과조치를 마련하여, 정해진 기간내에 건전성 기준을 준수케 하는 동시에 의무 사항을 이행하지 못할 시 보다 더 강력한 조치를 취할 수 있게 된다. 즉 지급여력제도는 보험회사의 경영부실을 관리하여 궁극적으로 계약자를 보호하는 제도인 셈이다.

2. 국제회계기준 (IFRS17)

2017년에 마련된 IFRS 17 회계기준은, 이미 2004년에 마련된 IFRS4를 통하여 최선추정부채(BEL) 및 현재가치를 산출키 위한 할인율 개념이 도입된 바 있다.

IFRS17에 따른 보험계약의 수익성은 CSM으로 산출된다.

CSM = BEL - RA로서 보험계약부채(BEL) 공식은 계약서비스마진(CSM)과 위험조정(RA)의 합으로 구성되어 있다.

*CSM(Contract Service Margin), BEL(Best Estimate Liability), RA(Risk Adjustment)

　　IFRS17은 보험회사가 산출한 CSM을 상각을 통해 이익으로 인식할 수 있도록 허용하고 있다. 따라서, CSM(Contractual Service Margin)은 가장 보수적이고 엄격한 기준으로 산출되고 관리되어져야 하며 CSM을 산출하는 모든 단계에서 가장 합리적이고 엄격한 기준이 적용되어졌는지를 검증하여야 한다. 이 과정이야말로 내부회계감사는 물론이고 외부회계감사에서도 가장 주목하여야 할 부분이다.

　　보헌산업이 겪고 있는 현재의 어려움은 단지 시행초기에 발생하는 단순한 문제가 아니라, 새로운 회계제도와 건전성제도 도입에 따른 도입취지와 철학이 간과되고 있기 때문이다.

지난 3년간 도입을 준비하는 과정에서 감독회계와 재무회계를 구분하지 않고, 산출결과가 적정하고 합리적인지를 고민하기 보다는 계산결과의 유불리를 더 많이 생각한 것은 아닌지 돌아보아야 한다.

따라서, 새로운 제도가 잘 정착하기 위해서는 건전성을 관리하는 감독회계와, 내부/외부 감사제도를 통해서 공시하는 재무회계 그리고 각사가 자체적으로 성과를 측정하는 관리회계를 구분하여 관리할 필요가 있다.

신제도 도입을 통해 보험산업의 재무건전성이 잘 관리됨은 물론, 보험회사의 가치(value)를 투명하게 잘 측정하고 공시할수 있는 재무회계 그리고 내부적으로 성과를 관리할 수 있는 관리회계 개념이 잘 정착되어, 영업활동은 물론 리스크와 회계를 기반으로 효율적으로 자본을 관리할 수 있는 새로운 보험회사 경영방식이 잘 정착할 수 있기를 기대해 본다.

15

지급여력제도의 궁극적인 목적은
(K-ICS)
보험계약자 보호이다.

보험회사 경영에 필요한 최소한의 자본을 "Solvency Capital" 혹은 "Solvency"라고 한다. 지급능력을 의미하는 Solvency는 보험회사의 장기부채 및 재정적 의무를 충족할 수 있는 능력을 의미하는 재무건전성의 척도가 된다. 보험산업이 존재하는 대부분의 국가들은 보험계약자를 보호하기 위하여 다양한 방법을 통해 보험회사의 재무건전성을 관리하고 있다.

금융당국이 "Solvency 시스템" 즉 지급여력제도를 통해 보험회사의 채무이행 능력을 관리하는 목적은, 보험회사가 모든 청구를 완전히 이행할 수 없는 경우에 현재 또는 미래의 보험계약자가 겪을 수 있는 손실을 줄이기 위하여, 보험회사의 자본규모가 적정한 수준 이하로 떨어지면 경고조치를 취함은 물론 필요시 직접 개입할 수 있도록 하기 위해서이다.

미국의 지급여력관리 제도인 RBC(Risk Based Capital) 제도와 비교하여, EU에서 관리하는 Solvency2제도(이하 솔벤시2)가 보다 더 정교하고 합리적으로 만들어 졌다고 평가받고 있는데, 이는 "솔벤시2"가 유럽의 많은 국가들이 EU로 통합되는 과정에서 다양한 경험과 분석을 통해 오랜 기간에 걸쳐서 수정되고 보완되었기 때문이다.

새롭게 도입된 신지급여력제도(K-ICS) 또한 미국의 RBC 제도보다는 유럽의 솔벤시2 와 유사한 면이 있어서, K-ICS 제도 도입의 시행착오를 줄이기 위해서는 EU가 도입한 솔벤시2 를 잘 이해할 필요가 있다.

유럽의 많은 국가들이 EU로 통합되면서, 보험회사의 정교한 위험관리를 목적으로 1973년에 "솔벤시1"이 도입되었다. 이후, 2008년경부터 보다 정교하게 건전성을 관리하기 목적으로 약 6년간의 시험기간을 거쳐, 2014년에 "솔벤시2"를 도입함으로써, EU 관할지역의 보험회사 경영에 필요한 자본량을 정의함은 물론, 보험회사 스스로 위험을 관리하고 그 결과를 투명하게 공개하는 글로벌 수준의 우수한 위험관리 제도로 인정받게 되었다

보험회사 건전성 평가의 핵심지표인 지급여력비율은, 가용자본

(Available Capital)을 요구자본(Required Capital)으로 나눈 비율을 계산함으로써 건전성 정도를 상대적으로 측정하는 개념이다.

가용자본(Available Capital)은 "자산"에서 "부채"를 차감한 "자본" 즉 "순자산"(Net Asset Value)을 의미하며, 요구자본(Required Capital)은 보험회사가 200년 빈도의 위기 상황에도 충분히 견딜수 있기 위해 필요한 자본량으로서 99.5%의 극단적인 스트레스 상황을 견딜 수 있는 자본량을 의미한다.

가용자본(총자산 - 총부채)은 보험회사의 재무제표에 항상 공시되는 자본계정을 확인함으로써 쉽게 파악할 수 있으며, 보험회사의 현재의 청산가치를 확인할 수 있으므로 투자자에게 매우 중요한 개념이다.

반면 요구자본 산정을 통한 지급여력비율 산출을 통해 표현되는 Solvency 개념은 200년 빈도의 스트레스 상황 하에서도 보험회사가 지속가능한 경영을 할 수 있는지를 보여주는 계량적인 척도 이므로, 투자자 보다는 회사를 믿고 거래하는 보험계약자에게 보다 더 중요한 개념이다. 특히 연금이나 종신보험과 같은 장기적인 보험상품 계약자들에게는 보험회사의 현재 순이익 규모보다는 보험회사의 미래의 자본건전성이 더욱 중요할 수 있다.

금융당국뿐만 아니라 보험회사들은 새롭게 도입된 신지급여력 제도가 보험계약자 즉 소비자보호를 목적으로 한 제도임을 잘 이해하고, 요구자본이 부족한 보험회사의 경우 경과조치를 통한 자구책 마

련을 검토함과 동시에 자구책의 현실성을 점검할 필요가 있다.

보험회사의 현재의 자본력이 보험계약자를 보호하기에 충분하지 않다면, 추가로 자본을 조달하거나 보험회사를 위한 보험상품 즉 재보험에 의존할 수 밖에 없다. 이것이 바로 보험산업이 재보험사를 필요로 하는 이유이다.

신지급여력제도의 도입과 함께, 재보험사의 역할이 단지 원보험사의 거대위험 분산이나 금융재보험을 통한 재무구조를 개선할 뿐만 아니라, 궁극적으로는 보험계약자를 보호할 수 있는 훌륭한 소비자 보호 시스템이 될 수 있음을 강조하고 싶다.

16

Pet보험이 잘 정착되려면
(애완동물)
도덕성이 먼저 회복되어야 한다

우리 속담에 가까운 이웃이 먼 친척 보다 낫다는 말이 있다.

결혼과 출산율의 저하로 인해 가족의 수가 줄고 1인가구가 증가하다 보니, 우리나라도 서구 유럽과같이 개나 고양이와 같은 반려동물이 가족의 역할을 대체하는 경향이 확산되고 있다.

반려동물의 수가 800만 마리에 달하고 앞으로도 더 증가할 것으로 예상되어, 가족의 일원으로서 반려동물의 건강과 복지에 대한 보험수요가 증가하고 있어서 보험사들도 앞다투어 반려동물을 위한 펫보험 상품을 출시하고 있으나, 현재 펫보험 가입률은 1%정도에 불과하다.

동물의 건강과 관련된 보험증권은 1890년 스웨덴 보험 회사인 Länsförsäkrings Alliance의 설립자인 Claes Virgin에 의하여 말과 가축의 재산 가치를 담보하기 위하여 처음으로 도입되었다.

1947년 영국에서 애완동물의 건강을 위한 보험상품이 판매되기 시작하여, 현재 스웨덴은 약 50% 영국은 약 25% 이를 정도로 높은 수준의 펫보험 가입율을 기록하고 있다.

가장 큰 펫보험 시장인 미국과 캐나다는 2007년 NAPHIA(북미 애완동물 건강 보험 협회)를 설립하여, 북미 전역에서 판매 되는 20개 이상의 다양한 애완동물 보험을 체계적으로 관리하고 있다. 약 160만 마리의 애완 동물이 NAPHIA 회원으로 등록되어 있으며, 개와 고양이와 같은 반려동물의 경우는 보험가입율이 약 10% 정도에 달한다. 우리나라도 미국이나 영국과 같이 Pet 보험 가입율이 현재의 1% 수준에서 점차 10% 혹은 그 이상으로 늘어날 가능성이 예상되고 있다.

미국에서의 Pet보험은 영화와 드라마로 잘 알려진 명견 "달려라 래시 (Come Home Lassie)"의 주인공인 래시를 대상으로 1982년에 보험증권이 처음으로 발행되었다.

선풍적 인기를 끈 래시로 인하여 반려동물이 가족의 일원으로 인식되다 보니, 당연히 보험비용을 지출하더라도 반려동물의 노후와 건강에 대한 보험수요가 자연적으로 증가하게 되었다. 그러나, 반려동물이 정서적으로는 가족의 일원으로 인정을 받고 있음에도 불구하고 보험에서는 사람과는 다른 차별적인 대우를 받을 수밖에 없다.

    우리나라 보험업법에는 사람에 관한 보험을 인(人)보험, 사람이 아닌 경우를 물(物)보험으로 분류하고 있으며, 인보험에는 생명보험, 상해보험, 질병보험이 속하고, 물보험에는 화재보험, 선박보험, 운송보험, 해상보험, 자동차보험등과 책임보험, 신용보험등이 포함되는데, 반려동물과 관련된 상품은 사람에 해당되지 않으므로 물보험 즉 손해보험의 영역이다.

    반려동물에 대한 보험은 건강과 질병에 대한 비용담보가 주된 영역으로서 인보험의 성격에 가깝도록 상품이 설계되고 있음에도 불구하고, 반려동물의 치료비 보상은 건물이나 자동차와 같이 재산의 파손에 대한 수리비를 지급하는 개념으로 해석 될수도 있다.

    생명보험은 사망이나 질병에 대한 보험금을 지급함에 있어서, 보험금 수취를 위한 범죄행위와 기왕증(증세를 알고 보험에 가입하는 경우)과 같은 특별한 경우를 제외하고는 보험가입과 보상에 상당히 관대한 편이다.

그러나, 손해보험을 대표하는 화재보험의 경우는 보험금 수취를 목적으로한 방화범죄가 드물지 않게 발생하고 있어서 보험가입의 동기에 대한 사전 심사가 매우 중요함은 물론 보험사고 발생 이후에도 전문적이고 엄정한 손해사정을 통해 보험계약을 활용하여 경제적 이득을 취하고자 하는 도덕적 해이를 엄정하게 관리할 필요가 있으며, 이는 손해보험에 가입한 계약자의 도덕성과 건전성 유지를 위해 반드시 필요하다.

가입심사와 손해사정 업무를 엄정하게 하지 않으면 일부 잘못된 과다보험금 수령경험이 일파만파가 되어 보험에 대한 인식을 오염시키고 궁극적으로는 보험회사의 수익성을 저해함은 물론 보험산업의 기저를 흔들수 있기 때문이다. 따라서, 보험가입에 대한 심사업무와 손해사정 업무는 보험산업이 부패되지 않고 건강하게 잘 유지하기 위한 소금의 역할이라고 볼수 있다.

펫보험이 반려동물을 가족으로 생각하는 따뜻한 마음과 늘어나는 반려동물의 질병과 치료에 대한 보험수요에 맞게 동물병원의 서비스가 효과적으로 잘 정착되려면, 무엇보다도 가입자는 물론 동물의료기관의 양심과 도덕성이 잘 유지되어져야 한다. 그렇지 않을 경우,

실손보험의 경우처럼 증가하는 의료비용을 부담함에 있어서, 가입자와 보험사 그리고 의료기관 간의 갈등만 반복적으로 발생할 수 밖에 없기 때문이다.

17
손해사정 업무가 고사직전의 위기에 있다.

18세기 영국의 경험주의 철학자인 데이비드 흄은 불과 30세인 1740년에 "인간본성에 관한 논문" (A Treatise of Human Nature)을 발표하였다. 그러나, 제대로 된 학계의 반응을 얻지 못하고, 모교인 에딘버러 대학에서 사서로 재직하면서 방대한 역사서인 "영국사" (The History of England)를 저술하여 수필가로서의 명성을 얻게 되었다. 그로부터 10년후, "인간의 이해력에 관한 탐구"를 통해서 인식론을 바탕으로 한 경험주의 도덕철학자로 인정받게 되었다.

그가 심혈을 기울인 "인간본성" 혹은 "인간의 이해력"에 대한 경험

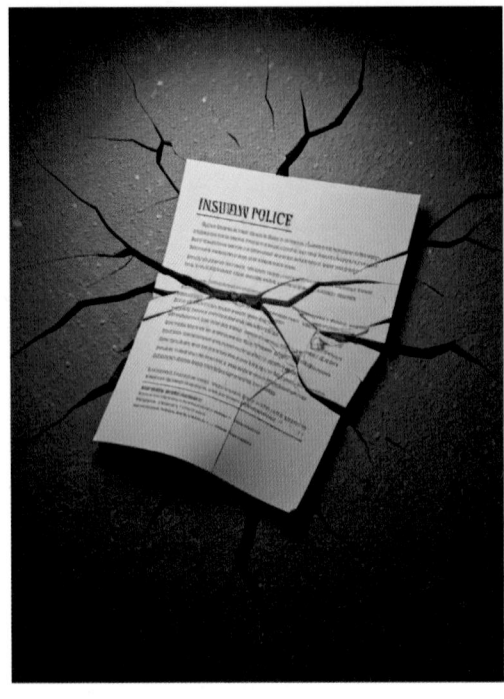

주의적이고 회의적인 시각은, 임마누엘 칸트와 같은 철학자는 물론 아인슈타인과 같은 물리학자 등 많은 후학들에게 영향을 미쳤다.

흄은 도덕철학자답게 "영국사"에서 한나라의 흥망성쇠를 좌우하는 가장 중요한 요소는 그 나라의 도덕성에 있음을 지속적으로 강조하였다. 국가의 운명이 도덕성에 따라 좌우된다는 점을 주장한 사람은 단지 흄 뿐만은 아니다.

유럽 뿐만 아니라 이슬람, 그리고 중국의 수많은 역사서 에서도 지도층의 도덕성과 리더십은 매우 중요한 요소임이 강조되고 있고, 심지어 조선왕조실록 에서도 이러한 관점은 유지되고 있다.

흄의 12년 후배인 국부론의 저자이자 현대경제학의 아버지라고 불리는 아담 스미스 또한 그의 나이 36세인 1759년에 "도덕감정론"을 저술하여 사회를 지탱하는 힘이 "도덕감정"에 있음을 강조하였다. 실제로 흄과 스미스는 서로 밀접하게 교류하며 의견을 교류한 스코틀랜드가 자랑하는 도덕철학자들 이었다.

　영국에서 "신사도"라는 용어는 원래 귀족과 같이 사회적 지위가 높은 사람을 가리켰으나, 산업혁명으로 인해 중산층이 확대됨에 따라, 신분 개념이 아니라 남자라면 누구나 지켜야 할 행동인 예의범절로서 도덕적인 성격이 젠틀맨십의 중요한 요소가 되었다.

　이러한 정신은 미국에도 계승되어, 미국의 독립과정과 서부 개척정신의 가치관이 반영된 개인주의, 자립심, 도덕성이 미국식 신사도의 고유한 특성이 되었다.

　우리나라도 경제발전으로 인해 중산층이 확대되고 여가를 즐기려는 문화적 욕구가 증가하는 과정에서, 행동이나 예절에 있어서 세련됨이 강조되고 자기계발, 자립심 등이 사회적으로 요구되는 중요한 자질로 인식되고 있는 것 같다.

　공적 영역에서의 정치적 지도자는 물론 대기업의 총수나 경영층과 같은 민간 영역에 있어서도 개인의 도덕성과 사회적 책임의식이 강조되고 있고, 이러한 경향은 ESG문화로 인해 더욱 더 빠른 속도로 확산되고 있다.

　그러나, 유독 보험산업에 있어서는 심각할 정도로 도덕성이 무너져 있어서 언제 어떠한 방법으로 회복시킬 수 있을지 가늠하기 어렵다.

　보험산업은 장래 위험에 대한 보험료를 미리 지불하고 나중에 보상을 받는 무엇보다도 더 신뢰를 기반으로 형성된 산업이다. 따라서, 보험계약의 실효성이 유지되기 위해서는 인수 정보의 정직하고 진실한 공개와 같은 도덕적 원칙이 매우 중요하며, 보험금을 신청할 때에도 보험 소비자 로서의 도덕성은 유지되어야 한다. 그러나, 자동차보험 이나 실손보험 사례에서 경험하듯이, 보험금 청구 과정에서 다양한 보험사기가 적발되고 과다하게 보험금을 수령코자 하는 다양한 시도를 통해 보험사와 보험소비자 간에 수많은 분쟁사례가 발생하고 있다.

과다한 보험금 지급은 보험료 인상으로 귀결되고, 그 피해가 고스란히 선량한 다수의 계약자에게 전가되는 것은 지극히 당연하며 궁극적으로는 불필요한 사회적 비용만 증가할 뿐이다. 따라서, 소수의 부정직한 계약자 행동의 확산을 방지하려면, 보험소비자의 이기심에 대응키 위한 손해사정업무가 매우 전문성을 띠어야 하며, 이는 보험산업의 지속을 위해서 필수적인 요소이다.

그럼에도 불구하고, 보험산업에 있어서 손해사정업무의 중요성이 지나치게 간과되고 있다. 지난 15년간 보험산업이 비약적으로 성장해 왔음에도 불구하고, 손해사정 업무에 대한 정상적인 가격인상이 이루어 지지 않음으로 인해 손해사정 업계 전체가 고사 직전의 위기에 직면해 있다. 이는 손해사정업무를 단지 비용으로 인식하는 보험회사 경영층의 안이한 인식 때문이다.

보험산업 전체가 균형있게 지속적으로 성장하기 위해서는, 보험소비자의 권리가 잘 보장되어져야 할 뿐만 아니라 보험소비자의 이기심과 도덕성을 유지하기 위한 손해사정업무 영역에서 경험있고 실력있는 전문가들 또한 잘 유지되기 위한 지원이 있어야 한다.

    우리나라가 지속가능한 발전을 하려면 영국의 신사도와 같은 도덕철학이 국민 전체가 가져야할 품성으로 필요한 것과 마찬가지로, 보험산업의 지속가능한 발전을 기대하려면 보험산업에 종사하는 우리 모두의 도덕성이 보험분야의 모든 영역에서 반드시 확립되어져야 할 것이다.

18
보험회사 **자산운용 철학**은 **미래지향적** 이어야 한다

2020년 발발한 코로나로 인한 경기불황을 극복하기위해 공급된 유동성을 회수하는 과정에서, 전세계적으로 동시에 진행된 금융당국의 기준금리 인상정책이 부메랑이 되어 이로 인한 부작용이 끊임없이 나타나고 있다. 인위적인 유동성공급에 대한 대가를 톡톡히 치르고 있는 셈이다. 이러한 문제점은 아파트와 같은 부동산 부문에서 부작용이 더욱더 큰 것으로 보인다.

아파트 가격이 지속적으로 상승할 것이라는 인식과 낮은 이자로 인한 대출환경이 투자심리를 자극하여, 아파트 실질적인 유효수요를 초과하는 공급으로 인한 낮은 분양율로 인한 유동성위기로 인하여 건설업계에 대한 구조조정 위기감이 감돌고 있다.

다른 소비재와 달리, 주거용 부동산은 주택을 필요로 하는 가구수에 따른 총수요가 제한되어 있는 데다가, 결혼 적령기 인구 감소와 출산율 저하로 인해 필요한 주택수는 물론 주택의 크기도 지속적으로 줄어들 밖에 없는 상황이다. 실제로 주택을 원하는 무주택자라 하더라도 공급가격이 높아서 구매력이 부족할 경우 잠재수요가 실질적인 유효수요로 전환되기는 어렵다. 결국, 지금의 위기는 경제 원리에 입각한 유효수요 즉 시장분석을 게을리하고 과거의 경험에 지나치게 의존한 결과인 셈이다.

건설업계의 위기는 필연적으로 금융기관들의 투자손실과 직결되며 일부 보험회사들도 이러한 상황에서 자유롭지 못한 것으로 청문되고 있다.

보험회사는 보험계약자들의 보험금 재원을 확보하기 위하여 자산운용을 하는 만큼, 은행이나 증권사와 달리, 자산운용 정책을 수립함에 있어서 안전하면서도 지속가능한 투자이윤을 확보하기 위한 투자철학 및 원칙을 수립하여야 한다.

단기적인 수익에 집중하기 보다는 보다 장기적인 투자원칙을 수립해야 하고, 투자 대상에 있어서도 국가의 미래를 위한 투자철학 도입이 절실히 필요하다.

먼저, 주거용 부동산 즉 아파트나 오피스텔과 같은 공동주택에 대한 투자인식이 변화되어야 한다.

주택은 국민의 기본권이자 생존권인 의식주에 포함된 개념이다.

먹고 입는 문제는 비교적 해결된 것으로 보이나, 젊은 세대를 위한 주택문제는 점점 더 악화되고 있어서, 주택으로 인한 염려가 젊은 세대의 결혼 의지를 약화시키는 주요한 원인으로 작용되고 있다. 주택가격에 대해서도 국민의 생존권을 위한 생활필수품인 쌀과 밀가루, 설탕과 소금과 같은 필수 소비재 뿐만 아니라, 수입에 의존하는 경유나 휘발유의 가격과 같이 구매하기에 불편하지 않을 정도의 적정가격이 유지될 수 있어야 한다.

따라서, 아파트와 같은 주택부문에 대해서는 수익창출의 대상으로만 인식할 것이 아니라 국가의 장기적인 주택공급 정책을 통해 부동산 가격이 잘 유지됨은 물론 젊은 세대가 안심하고 주택을 마련할 수 있는 장기 금융지원 프로그램을 개발하여 지원할 필요가 있다.

투자대상을 선정할 때에도 당장의 단기수익을 취할 수 있는 투자부문 보다는 장기적으로 국가가 발전할 수 있는 투자대상을 선택하는 용기를 가져야 한다.

생명보험과 같은 보험계약은 30년 이상의 매우 장기적인 계약이므로, 10년 혹은 20년 정도의 장기채권을 운용하더라도 부채의 만기와는 15년 정도의 차이가 있어서 재투자 리스크에 직면할 수 밖에 없으므로, 20년후의 경제상황이 지금보다 더 발전할 수 있는 경제상황을 만들어야한다.

 그러기 위해서는, 투자대상의 일부를 국가의 미래에 대한 부가가치를 올릴 수 있는, 항만이나 공항시설 혹은 도로나 지하철 철도와 같은 공공 인프라 부문 개발에 적극적으로 참여함은 물론, 드론산업, 무인자동차 프로젝트, 바이오 산업등과 같은 미래 지향적인 산업을 육성하기 위한 Venture Capital 조성에 보다 더 적극적인 지원을 하는 국가미래를 위한 R&D 개념이 도입되어야 한다.

벤처기업에 대한 투자에 있어서도, 단기간에 안정적인 수익을 요구할 것이 아니라 새로운 산업이 자생력을 확보하기 까지 지속적으로 영양분을 공급하는 인큐베이터 역할을 하여야 한다.

미래 지향적인 산업은 미래세대에게 더 많은 일자리를 제공하여, 국민총생산이 증가할 뿐만 아니라 인구 감소를 가장 효과적으로 제거할 수 있는 방법이기 때문이다.

보험산업은 다양한 방법으로 국민과 기업을 보호하는 서비스를 제공하는 산업이다. 국민이 있어야 국가가 존재하듯이, 우리 젊은 세대가 미래를 불안하지 않는 사회적 환경을 조성해야만 지속가능한 국가 경쟁력이 유지될 수 있을 뿐만 아니라 보험산업도 지속가능한 발전이 가능하기 때문이다.

4월총선을 앞두고 국가의 미래를 위한 많은 공약들이 제시되고 있다. 보험산업이 마중물이 되어서, 국가가 해결하기 어려웠던 문제를 지혜롭게 해결할 수 있는 방안을 제시함으로써 전 국민적 공감대를 확보하고 국가적인 난제를 해결할 수 있기를 기대해 본다.

19

배터리폭발로 인한 전기자동차산업의 어려움과 보험의 역할

2024년 8월 1일 인천 청라지구의 한 아파트 단지 지하주차장에서 전기차 폭발로 인한 화재사고가 발생하였다. 8시간에 걸친 화재로 인해 40대의 차량 전소를 포함한 약 140대의 차량손상이 발생하였을 뿐만 아니라, 아파트 지하 주차장에 대한 직접적인 화재피해, 그리고 연기로 인해 발생한 아파트 내부의 간접적인 피해 규모도 만만치 않은 상황이다.

폭발 원인으로는 전기차 배터리에서 발생할 수 있는 열폭주

(thermal runaway) 현상이 주요 기술적 원인으로 지목되고 있다. 열폭주란 배터리 셀 내부에서 발생한 과도한 열이 주변 셀로 전이되면서 연쇄적으로 폭발을 일으키는 현상인데, 이러한 특성 때문에 전기차 화재는 일단 발생하면 화재 진압이 매우 어려워 피해가 주변으로 쉽게 확산된다는 특징이 있다.

이번 사고로 인하여 전기차에 대한 불안감이 확대되고 있다. 전기차 충전소는 물론 주차 장소 그리고 운반에 대한 까다로운 규정을 만들어야 한다는 의견이 나오고 있다. 주거시설 및 상업시설에 대한 강력한 안전조치 뿐만 아니라 국제 이동을 위한 선적을 제한하거나 충전율을 제한해야 한다는 의견도 있다.

자동차 산업은 독일의 칼벤츠(Karl Benz), 미국의 헨리포드(Henry Ford)와 같은 선구자들에 의해 가솔린 차량이 발명되고 대중화에 성공함으로써, 대량고용과 산업화를 통해 개별 국가는 물론 세계 경제에 크게 기여한 매우 중요한 산업이다.

미국은 1,2차 세계대전을 통해 벌어들인 막대한 부로 인해 자동차 산업을 폭발적으로 성장시켰으며, 독일을 포함한 여러 유럽 국가에서 자동차 산업이 비약적으로 발전하였다. 아시아에서는 오랜 기간 일본이 자동차 시장을 독점하였으나, 최근에는 한국과 중국이 자동차 산업의 새로운 주인공으로 등장하였다.

이동 수단으로서의 편리성에도 불구하고 자동차가 배출하는 이산화탄소와 메탄이 지구 온난화의 주요 원인으로 지목되면서, 친환경적인 전기차로의 전환의 필요성이 유럽 국가를 중심으로 급속히 확산되었다.

그러나, 폭발사고로 인한 배터리 '포비아(공포증)'는 당분간 전기차가 확산되는 데 있어서 가장 중요한 걸림돌로 작용할 것으로 보인다.

빠른 시간에 전기차의 폭발 공포와 이로 인한 피해보상에 대한 염려가 해소되지 않으면, 자칫 전기차 산업을 치명적인 위험에 빠뜨리게 될지도 모른다.

자동차 산업이 기술적으로 발전하고 성장하는 과정에서 발생한 여러가지 어려움은 대부분 보험 산업의 도움으로 극복된 사례가 많다.

결함이 있는 차량을 리콜해야 하는 상황은 막대한 비용은 물론 브랜드 하락으로 이어지는 매우 치명적이다. 일본의 토요타 자동차는 2010년에 급발진과 관련된 대규모 리콜 사태에 대하여, 제조물 책임보험(product liability insurance)을 통해 리콜로 인한 재정적 타격을 최소화 하였을 뿐만 아니라 신속한 대응을 통해 소비자의 불편을 해소함으로써, 자칫 위험할 수도 있었던 브랜드 이미지를 빠르게 회복할 수 있었다. 보험은 단지 자동차 회사의 재무적 어려움을 해결해 줄 뿐만 아니라, 우리 사회를 서로 믿고 신뢰하는 문화조성에도 크게 기여하고 있다.

우리는 종종 도로에서 자동차 접촉으로 인해 도로가 크게 밀리는 상황을 보게 되지만, 매우 신속하게 현장상황이 조치되는 장면을 보게 된다. 이는 보험회사가 사고 당사자를 대신하여 과실에 대한 복잡한 문제를 잘 해결해 줄 것이란 신뢰가 이미 형성되어 있기 때문이다. 과거에 우리 사회는 교통사고가 발생하였을 경우, 자칫 손해 혹은 불이익을 받을 수도 있다는 염려나 제대로 보상을 받지 못할 수 있다는 염려로 인해 사고현장을 떠나지 못하고 지루한 책임공방을 다투던 때도 있었다. 이와 같은 신뢰가 형성되지 않았다면, 매일 도처에서 발생하는 자동차 사고로 인해서 많은 사람들이 업무에 복귀하지 못하고 아까운 시간이 낭비될 것이다.

전기차 화재로 인한 복잡한 문제도 보험을 통해 해결될 수 있다. 보험회사가 일단 피해액을 산정하여 충분히 보상하고, 사고 원인 및 책임에 대한 전문적인 검증과정을 통하여 발생된 비용을 책임에 맞게 정리하는 방법이다. 물론 전기차로 인해 발생될 수 있는 배상책임이 비 전기차에 보다는 훨씬 큰 규모가 될 것이므로 전기차로 인한 피해를 보상하는 특별한 보험프로그램이 필요하며, 이는 전기차주가 부담해야 할 보험료가 증가할 것이다. 따라서, 보험료 부담으로 인해 전기차 구입에 어려움이 없도록 전기차 제조업체는 물론 국가적인 관점에서도 지원대책이 강구될 필요가 있다.

전기차로의 전환은 지구 온난화를 방지하기 위한 필연적인 선택이므로, 전기차의 배터리 문제로 인한 사회적 염려를 확산시키는 것 보다는 보험을 통한 해결을 유도하는 것이 현명한 방법이 될 것이다.

20
광화문 지역은 보험산업의 메카이다

　광화문 광장의 재개발로 인하여 분수대를 포함한 쉼터가 조성되고, 다양한 문화행사가 열리다 보니 광화문 지역으로 평일은 물론 주말에도 점점 더 많은 인파가 몰려들고 있다. 또한, 청와대의 개방으로 인해, 경복궁을 중심으로 서촌과 북촌 인사동에 이르기 까지 다양한 볼거리와 먹거리가 함께 어울어져 있어서 서울시민은 물론이고 국내외 관광객들이 필수적으로 방문하는 관광 명소가 되었다.
　광화문 지역이 한국을 대표하는 명소를 넘어서 아시아 뿐만 아니라 세계적인 명소로 변하고 있는 이유는 경복궁, 조계사, 북촌, 인사동과 와 같은 과거의 문화유산과 현대적 고층건물이 함께 빚어내는 조화로 인해서일 것이다. 현대적인 고층건물과 고풍스런 고궁과 한옥이 대조효과(Contrast Effect)를 이루면서, 이 지역이 더욱더 매력적인 곳으로 인식되는 것 같다.

　광화문 대로는 종로, 을지로, 청계로 그리고 퇴계로가 모두 만나는 길인데 이 대로 주변에 유난히 보험회사 건물이 많다. 광화문 사거리를 중심으로 현대해상과 교보생명이 위치하고 있고, 시청역 인근에 한화손해보험, 남대문을 조금 지나면 롯데손해보험 그리고 서울역 근처에 AIA생명, KDB생명이 있다.

　미국 대사관 뒤쪽으로 재개발 중인 종로구청 주변에는, 코리안리재보험과 미국계 보험사인 라이나 생명과 처브(CHUBB)손해보험, 동양생명과 손해보험협회가 있고, 서대문 방향으로는 흥국화재와 흥국생명 그리고 한국보험신문도 자리하고 있다.

　시청 주변에 위치하던 삼성화재와 삼성생명 그리고 KB손보의 전신인 LG화재와 을지로의 동부화재(DB손보)는 강남으로 이전하였고, 시청역 근처의 제일화재는 한화손해보험으로 합병되었다.

　이 외에도 광화문 주변에는 보험업과 관련된 보험중개사, 손해사정회사, 보험계리회사 그리고 외국계 보험사와 재보험사의 한국지점들이 여러 장소에 자리하고 있어서 일일이 다 열거하기 어려울 정도이다.

많은 보험사들이 광화문 지역을 중심으로 발전하였고, 이로 인해 광화문 지역에는 유난히 보험분야에 종사하는 사람들이 많은데, 단일 업종으로는 가장 많은 수의 사람들이 보험관련 업무에 종사하고 있을지도 모른다. 따라서, 광화문 지역을 한국 보험산업의 메카라고 불러도 지나친 표현은 아닐 듯 싶다.

서울시에서 야심차게 추진중인, 녹지공간 확보를 전제로 높이규제를 완화해 주는 정책 덕분에, 오랫동안 정체되었던 도심지역 재개발 사업이 활발하게 진행되고 있다. 정부가 주도하여 국가 예산으로 수행되는 지하철, 교량과 같은 토목공사에 비해, 상업용 빌딩은 민간기업이 경제성 원칙에 근거하여 자금을 조달하여 시행하는 특징이 있다. 그러다 보니, 과거의 일률적인 높이 제한은 민간사업의 경제성 확보 측면에서 가장 큰 걸림돌 이었다.

한 국가의 경제발전을 위한 건설산업의 기여도 측면에서, 오피스 빌딩, 호텔 혹은 쇼핑몰과 같은 민간주도의 상업용 빌딩사업은 도로나 지하철 항만공사와 같은 공공 토목공사에 비해 월등히 높다.

건축사업이 자재와 인력 마감공사에 이르기 까지 수백개의 크고 작은 업체로 세분화 되어 있어서, 건축과정에서 필요로 하는 노동자에 대한 고용효과 뿐만 아니라, 건축 자재 생산으로 인한 제조업 부양효과가 동시에 이루어 지는 반면, 토목공사는 토목구조물 구축을 위한 장비중심의 소수의 단순한 공종으로 이루어 지기 때문이다. 건

설산업의 생태계를 잘 유지시키는 효과가 있는 셈이다.

공사비 조달 과정에서도, 민간사업은 투자자금 모집, 각종 보험과 보증, 금융약정등 신규로 금융분야의 부가가치를 창출하고 있어서 금융분야의 질 높은 일자리 창출 효과도 있다.

뿐만 아니라, 새롭게 건설된 랜드마크 적인 건축물이 제공하는 까페 나 식당 혹은 휴식공간을 찾는 새로운 유동인구를 창출함은 물론, 오피스 공간에서 근무하는 사무근로자와 일반인이 함께 어우러진 활기찬 거리로 변모하게 된다.

조계사와 인접한 코리안리 재보험 빌딩 또한 재건축사업이 추진되고 있다. 문화재 파손을 염려하여 반대하는 의견도 있었으나, 그보다는 코리안리 신사옥과, 수송공원 그리고 조계사가 시너지가 더 크다고 판단하여 지금은 조계사가 적극적으로 코리안리 사옥의 재건축을 지지하는 입장이다. 서울시의 정책변화로 인하여, 광화문을 포함한 서울의 구 도심지역이 경제발전과 경기부양 효과는 물론, 과거와 현재가 조화롭게 공존하는 가운데 더욱 더많은 관광객들이 찾게 되는 멋진 도시로 변모할 것이 기대된다.